Caesar Molebatsi
David Virtue

Flamme der Liebe –
Schrei für das Recht

Ein Lebenszeugnis aus Soweto

Aussaat

edition eine welt

Die *edition eine welt* will mit Dokumentationen, Berichten und Erzählungen aus verschiedenen Erdteilen das Bewußtsein und die Verantwortung für unsere eine und unteilbare Welt fördern.

Übersetzung: Christiane Vorländer

© 1992 Aussaat Verlag GmbH,
Neukirchen-Vluyn
Titelgestaltung: Meussen/Künert, Essen
Titelfoto: Klejn / foto-present, Essen
Satz und Druck: Breklumer Druckerei Manfred Siegel KG
Printed in Germany
ISBN 3-7615-4861-3
Bestellnummer: 154861

Inhalt

Vorwort

Ich bin vielen zu Dank verpflichtet für dieses Buch.

Caesar hat mir inmitten der Anforderungen, die an ihn gestellt werden, und trotz seiner langen Arbeitsstunden im Dienst des Herrn und an seinen Brüdern und Schwestern in Soweto seine Zeit uneingeschränkt zur Verfügung gestellt.

Seine Frau Chumi hat Caesar all die Tage und Nächte entbehrt, die nötig sind, um ein solches Buch zu schreiben, und die er deshalb fern von ihr und seinen vier Kindern verbringen mußte. Sie nahm diese zusätzliche Last auf sich und war Caesar stets eine einzigartige Quelle der Kraft in seiner harten Arbeit.

Murray Watts, englischer Bühnenschriftsteller und Direktor eines Schauspielhauses, trug viel zur ursprünglichen Form des Manuskriptes bei.

Sam und Nunu Molebatsi, Caesars Bruder und dessen Frau, stellten mir, als ich das erste Mal nach Südafrika kam, ihr Haus in Dobsonville zur Verfügung, in dem ich bequem und sicher schreiben konnte.

Cliff und Eileen Buckwalter luden mich für meinen zweiten Aufenthalt in Soweto in ihr Haus in Eldorado Park ein, einem sogenannten farbigen Gebiet in der Nähe von Soweto. So konnte ich mein Manuskript in Frieden und Ruhe beenden.

Und nicht zuletzt habe ich meiner Frau Mary zu danken, die während meiner beiden Reisen nach Südafrika meine sämtlichen Aufgaben zu Hause übernahm und mir so den Rücken freihielt für meine Arbeit.

Ich möchte dieses Buch allen meinen schwarzen Schwestern und Brüdern in der Eben-Ezer Evangelical Church widmen und all den Tausenden Männern, Frauen und Kindern, die in Soweto unter der eisernen Faust des institutionalisierten Rassismus leben – denn genau das ist die Apartheid – und die tagtäglich unter der Schmach des Systems zu leiden haben. Ich grüße Euch alle.

Ich bete dafür, daß durch die Arbeit der Kirche Gerechtigkeit, Barmherzigkeit und Rechtschaffenheit den Sieg erringen. Flüsse lebendigen Wassers mögen sich ergießen und neue wirtschaftliche und politische Strukturen, Bildungsmöglichkeiten und Hoffnung mit sich bringen für eine neue Generation unserer schwarzen Schwestern und Brüder.

David W. Virtue
West Chester, Pennsylvania

Einleitung

Es ist Weihnachten 1990, und mein Herz wird schwer beim Anblick der Gewalt, von der Soweto Nacht für Nacht heimgesucht wird. Es ist ein Alptraum mit Tausenden von Toten – Toten, die es nicht geben müßte. Unsere Gesellschaft ist gelähmt vor Angst. Gewalt von Schwarzen an Schwarzen hat sich von der Provinz Natal ausgebreitet bis zu den Townships von Johannesburg, wo ich lebe.

In jeden Winkel unseres Landes ist sie vorgedrungen, die Gewalt. Keiner kann ihrem harten Griff entfliehen. Wir alle – Männer, Frauen, Kinder, Schwarze, Weiße, Reiche und Arme – stehen der grausamen Wirklichkeit dieser Gewalt Auge in Auge gegenüber. Überall gibt es Blutbäder, auf Bahnhöfen, an Taxiständen und Bushaltestellen und sogar zu Hause. Kein Ort ist sicher. Kein Ende ist in Sicht.

Es ist traurig, aber wir alle sind schon soweit, das Blutbad regelrecht zu erwarten. Die meisten haben resigniert. Das ist fast schon zu einer neuen Lebensform geworden.

Es stehen mehr Fragen im Raum, als es Antworten gibt. Mit jedem Schritt vorwärts scheinen zwei Schritte rückwärts verbunden zu sein. Zusammen mit der Öffnung zu einem neuen Südafrika gibt es auf beiden Seiten des politischen Spektrums immer mehr Zweifel darüber, wie die Zukunft aussehen, was für ein Land aus dem Chaos hervorgehen wird.

Wenn ich von Soweto, von meiner vom Streit so zerrissenen Ecke des Landes aus auf Südafrika schaue, frage ich mich: „Gibt es irgend etwas in unserer gemeinsamen Religion, das dieser gequälten Nation Erleichterung und Hoffnung bringen kann?" Ironischerweise nennt sich dieses Land gottgläubig und christlich. Als christlicher Führer frage ich mich da, wie in all dieser Unsicherheit und Angst die Rolle der Kirche aussehen sollte. Viele von uns, die wir am Kampf für Gerechtigkeit beteiligt waren, sehen, daß die Kirche angesichts dieser Kämpfe anscheinend hastig den Rückzug antritt. Zur Begründung wird angeführt, daß sie sich aus Geschäften und Politik herauszuhalten habe.

Die von Präsident F.W. de Klerk im Februar dieses Jahres eingeleiteten Maßnahmen, einschließlich der Freilassung Nelson Mandelas und der Anerkennung des Afrikanischen Nationalkongresses (ANC) und weiterer dreiunddreißig Organisationen, gab Hoffnung auf eine andere Zukunft für das südafrikanische Volk.

Die Maßnahmen schienen der Auftakt zu einem grundlegenden Umschwung zu sein. Aber trotz dieser Entwicklungen hat die große Mehrheit der Schwarzen in ihrem trostlosen Dasein bis jetzt noch keine Besserung spüren können. Diejenigen, deren persönliche oder politische Interessen durch die Veränderungen bedroht sind, sabotieren die Gespräche. Natürlich können Gruppen, die von einer rassistischen Haltung einerseits und von Mißtrauen andererseits beherrscht sind, nicht zu einer gerechten Regelung kommen. Und da die zerbrechlichen Friedensverträge einer nach dem anderen gebrochen werden, scheint das Blutvergießen kein Ende zu nehmen.

Ich weiß, daß der einzige Weg vorwärts über die Versöhnung der Rassen führt. Das wird großen Einsatz von allen Südafrikanern fordern, besonders von denen, die sich selbst Christen nennen. Aber es ist unsere einzige Chance.

Caesar Molebatsi
Soweto, Südafrika

1
Der Unfall

Es geschah am 24. Dezember, einem wunderschönen Nachmittag, von denen es während der Weihnachtszeit in Johannesburg so viele gibt. Ich war mit dem Fahrrad unterwegs und fuhr gerade nicht weit von zu Hause in eine Kurve, als mich ganz plötzlich ein von hinten kommendes Auto streifte und von meinem Fahrrad schleuderte.

Ich hatte mich so sehr auf den von vorne kommenden Wagen konzentriert, daß ich kaum wahrnahm, wie der andere mich in der engen Straße zu überholen versuchte. Anstatt beim Anblick des entgegenkommenden Wagens zu bremsen und langsamer zu fahren, raste der Fahrer in derselben hohen Geschwindigkeit weiter. Als er sah, daß es zum Überholen zu spät war, mußte er in Sekundenschnelle eine Entscheidung treffen: entweder abbremsen, mich weiterfahren lassen und hinter mir wieder auf die linke Fahrspur einscheren – und so einen Zusammenstoß mit dem entgegenkommenden Wagen riskieren; oder sofort auf seine Seite zurückschwenken und so das Leben eines schwarzen Jungen auf einem Fahrrad riskieren. Er warf das Steuer in meine Richtung.

Die Wucht des Stoßes schleuderte mich über die brüchige Teerdecke der Straße. Im Bruchteil einer Sekunde wurde aus mir ein Knäuel von zerschmetterten Knochen und Fahrradteilen, die überall aus meinem Körper kamen. Stark blutend lag ich da. Meine rechte Kniescheibe war völlig zertrümmert, mein Bein oberhalb und unterhalb des Knies gebrochen. Die Lenkstange meines Fahrrades hatte sich durch meine rechte Seite gebohrt, und Teile meiner Eingeweide lagen auf der Straße. In meinem Kopf hämmerte es.

Für eine Zeit, die mir wie Stunden erschien, lag ich da, hilflos verwickelt in mein Fahrrad, wurde immer wieder kurz bewußtlos und wachte wieder auf, bis schließlich ein Polizeiwagen eintraf. Der Fahrer, ein Weißer, hob mich von der Straße auf und warf mich ohne viel Federlesens wie einen Sack Kartoffeln hinten in seinen Wagen. Dann fuhr er mich in rasender Geschwindigkeit zu einer nahen Klinik in Swartruggens. Während der Fahrt verlor ich das Bewußtsein vollständig.

In der Klinik entdeckte man, daß ich zusätzlich zu dem Schaden am Bein durch den Aufprall auf die Straße schwere Verletzungen am Hinterkopf erlitten hatte. Nach einer kurzen Untersuchung stellten die Mediziner fest, wie schwer meine Verletzungen waren und wie wenig sie mit ihren Mitteln tun konnten. Sie flickten mich zusammen, so gut es ging, versahen mich mit einem Tropf und verfrachteten mich wieder in den Polizeiwagen, der mich dann in das 35 Meilen entfernte Rustenburg-Krankenhaus fuhr.

Ich werde nie erfahren, wie ich diese Reise überlebt habe, zumal ich auch noch ständig Blut verlor. Als ich das Bewußtsein wiedererlangte, waren die Schmerzen so stark, daß ich vor Qual aufschrie. Ich wünschte mir verzweifelt, wieder in die Bewußtlosigkeit zurücksinken zu können, um den Schmerz nicht mehr zu spüren, aber es gelang mir nicht. Der Fahrer ignorierte meine Schreie. Später erfuhr ich, daß er ärgerlich geworden war und auf mich geschimpft hatte, als er entdeckt hatte, daß sein Wagen mit Niggerblut beschmutzt war.

Im Krankenhaus wurde ich eiligst in den Operationssaal geschoben. Meine letzten Gedanken, bevor ich zurück in die Bewußtlosigkeit fiel, waren: „Ich werde sterben. – Sollte es wirklich so enden?"

Als ich mehrere Stunden später von der Operation erwachte, fand ich mich in einem Raum mit weißen Wänden und religiösen Bildern wieder. Aus einem Lautsprecher war Musik zu hören. Da dachte ich, ich sei tatsächlich gestorben und in den Himmel gekommen.

Bis zu diesem Zeitpunkt hatte ich in meinem Leben nie viel über Religion nachgedacht. Wir waren in meiner Familie keine großen Kirchgänger mehr. Viele Jahre lang war mein Vater ein treues Mitglied der Anglikanischen Kirche und Leiter der Sonntagsschule gewesen. Wir Kinder waren also in die Kirche gegangen, als wir klein waren. Aber wegen der Scheinheiligkeit, auf die mein Vater stieß, wenn es um Rassenfragen ging, verließ er die Kirche ganz; und wir folgten bald seinem Beispiel. Als Teenager hatte ich einfach keine Notwendigkeit für Religion gesehen, es erschien mir unnütz, über sie nachzudenken.

Aber die schreckliche Erfahrung dieses Unfalls hatte mich heftig aufgerüttelt. Als ich da steif und elend im Bett lag, meinen Kopf in Verbände gewickelt, begann ich das erste Mal, ernsthaft über das Leben und die Religion nachzudenken. Warum war dieser Unfall passiert? Was, wenn ich gestorben wäre? Wenn es einen Gott gab, was hatte er mit all dem zu tun?

Während ich noch mit diesen Fragen und mit den Schmerzen meiner Verletzungen kämpfte, kam ein weißer Missionar von der deutschen lutherischen Gemeinde in mein Krankenzimmer. Es war Weihnachtsmorgen, und er wollte mir ein Geschenk bringen. Ohne sich auch nur vorzustellen, kam er an mein Bett und fragte mich, ob ich die Bibel annähme, die er mir mitgebracht hatte. Er wollte auch mit mir reden, aber ich war nicht in der Stimmung dazu. „Hören Sie", sagte ich, „ich habe keine Lust zu reden, weder mit Ihnen noch mit jemand anderem." Ohne ein Wort drehte er sich um und ging. Später entdeckte ich die Bibel auf meinem Nachttisch, aber ich war zu beschäftigt mit meinen Schmerzen und meinem Selbstmitleid, um sie zu lesen. Ja, ich war so besessen von Gram und Selbstmitleid, daß ich überhaupt wenig Notiz nahm von dem, was um mich her vor sich ging. Nicht einmal die Besuche meiner Familie konnten mich trösten.

Nachdem ich zwanzig Tage auf dem Rücken liegend verbracht hatte, ging es mir plötzlich schlechter. Der untere Teil meines rechten Beines wurde brandig. Die Ärzte sahen darin den Grund für die Schmerzen in meinem Oberschenkel. Man gab mir eine höhere Dosis Morphium, aber kein Schmerzmittel konnte mir Erleichterung verschaffen.

Als die Ärzte mein Bein noch einmal untersuchten, hatte ich keinerlei Gefühl mehr in meinem Knie. Nichts. Ihre Bemühungen, die Blutbahnen rechts und links vom Knie wiederherzustellen, waren gescheitert. Sie entschieden, mein Bein zu amputieren, bevor der Brand sich weiter ausbreiten konnte.

Die erste dunkle Ahnung von dem, was vor mir lag, überfiel mich, als meine Mutter mir den Ernst der Lage beschrieb und begann, nach Entschuldigungen für die Ärzte zu suchen. Sie sagte mir, ich müsse ein Mann sein und mich in das Unvermeidbare fügen; aber sie brachte es nicht übers Herz, mir zu sagen, daß die Ärzte vorhatten, mein Bein zu amputieren.

Während meine Mutter redete, sah ich die Ärzte im Hintergrund unruhig auf und ab gehen. Schließlich kam einer von ihnen an mein Bett. Er stellte sich neben meine Mutter und erklärte, wie sie mein Bein amputieren würden. Er versuchte mich damit zu trösten, daß schon viele andere Menschen ihr Bein verloren hätten und daß dies weder das Ende meines Lebens noch das Ende der Welt bedeute. Sie hätten ihr Bestes getan, um das Bein zu retten, sagte er, jetzt gäbe es nichts mehr, was sie tun könnten.

Als ich am 24. Dezember 1964 in das Krankenhaus gebracht worden war, war ich ein Wrack, aber ich hatte große Hoffnung auf Genesung. Als ich am 13. Januar 1965 in den Operationssaal gefahren wurde, war von dieser Hoffnung nicht mehr viel übrig. Ich wußte, daß sie mein rechtes Bein oberhalb des Knies amputieren würden.

Ein Teil meines Körpers würde in den Verbrennungsofen wandern, der Rest von mir würde weiterleben. Diese schreckliche Erkenntnis machte mir wahnsinnige Angst.

Als ich nach mehreren Stunden im Operationssaal erwachte, fühlte ich mich wie betäubt. Ich wußte, daß mein Bein weg war, konnte dieses Wissen aber nicht akzeptieren. Gemeinsam versuchten die Ärzte und meine Familie zu helfen. Sie erklärten mir Dinge wie „Phantomschmerzen". Sie beschrieben die neuesten Errungenschaften im Prothesenbau. Sie versicherten mir, daß mich der Verlust des Beines nicht völlig bewegungsunfähig machen würde. Aber mein Schmerz über diesen Verlust saß tief und wollte nicht weichen.

Wieder wandten sich meine Gedanken der Religion zu. Und das erste Mal in meinem Leben fühlte ich tiefen Haß und Bitterkeit. Ich begann zu denken, daß, wenn es einen Gott gäbe, dieser Gott zutiefst lieblos und rücksichtslos sei – nicht nur mir persönlich gegenüber, sondern gegenüber meinem ganzen Volk.

Welcher Gott würde es zulassen, daß ich, ein in seinem eigenen Land ohnehin gebeutelter Schwarzer, noch mehr zum Opfer gemacht und brutal behandelt würde von einem einzelnen weißen Mann?

Welcher Gott würde es zulassen, daß ich ein Bein verliere und so möglicherweise jeglicher Zukunft in meinem eigenen Land beraubt würde?

Schwarze waren für den weißen Mann in Südafrika kaum mehr als ein Vorrat an Arbeitskräften, und nun würde ich nicht einmal mehr diesen Nützlichkeitsgrad haben.

Die Tage und Wochen vergingen, und mein Zorn vertiefte sich über mein persönliches Schicksal hinaus. Ich fragte mich, welcher Gott es zulassen würde, daß eine ganze Rasse von Menschen – deren Hautfarbe zufällig schwarz war – von einer kleinen Rasse in der Minderheit – deren Hautfarbe zufällig weiß war – hintergangen und um das Land betrogen wurde, das historisch, kulturell und geographisch gesehen ihr eigenes war.

Ironischerweise begann mein Körper zu heilen, als mein Haß sich in meinem Herzen vertiefte. Wenn es einen Zusammenhang zwischen Haß und Heilung gab, so hatte ich noch nie davon gehört. Vielleicht war mein Haß Treibstoff für mein Leben. Was immer es war, die Heilung ging rascher vonstatten, als ich gedacht hatte, und es kam der Tag meiner Entlassung aus dem Krankenhaus.

Mein Vater kam, um mich nach Hause zu holen, und ich freute mich, ihn zu sehen. Er hatte mich nur drei Mal besucht während meines viermonatigen Krankenhausaufenthaltes. Diese unregelmäßigen Besuche waren sehr schwer für ihn gewesen, weil er, ganz tief im Innern, sich selbst die Schuld für meinen Unfall gab. In der Hektik jenes Heiligen Abends hatte mein Vater mich gebeten, die Weihnachtseinkäufe allein mit dem Fahrrad zu erledigen – statt mit ihm zusammen im Auto. Er hatte sich selbst diese Bitte nie vergeben. Er sprach nie davon, daß ich ein Bein verloren hatte, aber ich wußte, daß er einen tiefen Schmerz darüber empfand.

Ich verließ das Krankenhaus an diesem Aprilmorgen 1965 als ein verbitterter, zorniger junger Mann – mit nur einem Bein und ohne Perspektive für die Zukunft. An der Seite meines Vaters hoppelte ich nervös in eine rauhe, unsichere Welt.

Während meines Krankenhausaufenthaltes hatte mein Vater versucht, ein gerichtliches Verfahren gegen den Mann einzuleiten, der mich fast getötet hätte. Seiner Meinung nach war mir ein großes Unrecht geschehen, und er wollte Gerechtigkeit.

Sobald wir zu Hause waren, kam die Polizei zu uns. Sie kamen, um uns nach vier Monaten wegen des Unfalls zu befragen – und das auch nur, weil mein Vater so sehr darauf bestanden hatte. Die Polizisten behaupteten, sie hätten meine Aussage bereits im Krankenhaus zu Protokoll genommen. Daran konnte ich mich aber nicht erinnern. Ich war auch so mißtrauisch der Polizei gegenüber, daß ich ihnen nicht einmal geglaubt hätte, wenn sie mir eine unterschriebene Kopie meiner Aussage gezeigt hätten.

Ich vernahm, daß der Fahrer mich beschuldigt hatte, zur Zeit des Unfalls betrunken gewesen zu sein. Diese Anschuldigung war eine Lüge und ein schrecklicher Anschlag auf meine Selbstachtung. Was immer ich an diesem Tag auf dem Fahrrad für Fehler gemacht haben mochte, eines war sicher: Ich war nicht betrunken gewesen. Ich war noch nie in meinem Leben betrunken. Trotz meines heftigen Protestes glaubte die Polizei jedoch der Aussage des weißen Mannes.

Als sie schließlich gingen, fühlte ich mich betrogen und war dementsprechend aufgebracht. Ich wußte, daß dieses von Weißen geführte und kontrollierte System mir niemals recht geben würde.

Die Erfahrung des Unfalls und seine Folgen forderten harten Tribut von mir. Ich fühlte mich zu gedemütigt und geschlagen, um zur Schule zurückzukehren; ich konnte nicht einmal den Anblick meiner Familie ertragen. Ich mußte weg, allein sein mit meinen Gedanken.

Ich zog zu Hause aus und verbrachte acht Monate auf einer Farm bei

Rustenburg, der Stadt, in der ich im Krankenhaus gelegen hatte. Ich wohnte bei einem Vetter meines Vaters, den wir Onkel nannten und der zusammen mit seiner Frau in einem Holzhaus mit zwei Zimmern lebte. „Onkel" Dan war ein gebildeter Mann, der von einem Hungerlohn lebte, um schwarze Kinder vom Land zu unterrichten. Viele von ihnen mußten jeden Tag dreißig Kilometer laufen, um zu seinem behelfsmäßigen Schulhaus zu gelangen. Es waren alles Kinder, die sonst niemals die Möglichkeit einer Ausbildung gehabt hätten. Solche „Schulen" wie die meines Onkels wurden von weißen Farmern mit Hilfe von geringfügigen staatlichen Subventionen unterhalten, boten aber meistens nur ein Minimum an Ausbildung für schwarze Kinder aus ländlichen Gebieten. Onkel Dan aber behandelte seine Schüler, als wären sie seine Kinder. Er glaubte fest daran, daß Schwarze nur über den Weg der Ausbildung ihre Situation verbessern könnten. Und er war entschlossen, alles in seiner Macht Stehende zu tun, um diesen jungen Leuten eine Ausbildung zu geben.

Für das restliche Jahr 1965 tauchte ich auf dieser Farm unter. Während dieser Zeit hielten mich Onkel Dan und seine Frau buchstäblich am Leben. Sie liebten mich und ertrugen geduldig meine Stimmungswechsel. Ihre Geduld kannte keine Grenzen.

Meine Tage liefen immer gleich ab: Ich stand morgens auf, nahm einen Stapel Bücher – hauptsächlich Schund – und hüpfte hinaus in einen großen Obstgarten, setzte mich unter einen Baum und las und grübelte. Aus irgendeinem merkwürdigen Grund hatte ich immer noch die Bibel, die mir im Krankenhaus geschenkt worden war, und manchmal blätterte und las ich darin. Die meiste Zeit jedoch saß ich einfach nur da und bemitleidete mich selbst.

Nach acht Monaten kam mein Vater zu Besuch. Er sagte mir sehr bestimmt, daß ich so nicht mehr weiterleben könne und mit ihm nach Hause kommen müsse. Mein Protest war schwach, denn ich wußte, daß er recht hatte. Widerwillig nahm ich Abschied von meinem Onkel und seiner Frau und kehrte nach Soweto und in die Schule zurück.

Zurück zu Hause, bewältigte ich mein Leben, indem ich zwei verschiedene Gesichter nach außen kehrte. In der Öffentlichkeit tat ich so, als hätte ich mich daran gewöhnt, mit nur einem Bein zu leben. Ich machte weiter, als ob nichts gewesen wäre. Meine Schmerzen zeigte ich niemandem und lebte den Tag über, als sei alles beim alten.

War ich jedoch allein oder mit meiner Familie zusammen, war ich ein anderer Mensch – voller Wut und Verzweiflung. Ganz plötzlich hatte ich unkontrollierte Zornesausbrüche, schwang mein Krücke und schlug sie entzwei. Meine Familie sagte nie etwas dazu. Sie wußten, daß ich mit meinem Verlust noch nicht fertig geworden war und daß ich dies auf meine eigene Art und Weise tun mußte – und sie ließen mir Zeit.

Manchmal spielte ich mit Freunden aus der Nachbarschaft Fußball. Von einer Krücke auf die andere schwingend, hüpfte ich über das Spielfeld, um den Ball zu kriegen. Wenn ich nach dem Spiel allein war, überkam mich Niedergeschlagenheit. Ich fragte mich, wie mich die Leute wohl sahen. Was dachten sie, wenn sie mich mit Krücken Fußball spielen sahen?

War ich vielleicht eine Art Attraktion, so wie ein Artist im Zirkus? Oder interpretierten sie meine Bemühungen als Verleugnung der Tatsache, daß ich ein Krüppel war?

Nach außen vermittelte ich den Leuten den Eindruck, stark zu sein, als ob nichts mich berühren könne. Tief drinnen sehnte ich mich nach jemandem, der die Unzulänglichkeit, die ich als Krüppel empfand, wirklich verstand und mir half, die Gefühle von Haß und Bitterkeit den Weißen gegenüber auszudrücken.

Ein Jahr war vergangen, und wir hatten kein Wort gehört von der Polizei. Ich war mit meiner Geduld am Ende, und mein Vater ebenfalls. Eines Tages im Winter ergriff er die Initiative und ging zur Polizeistation, um zu fragen, ob in der Sache irgend etwas unternommen worden war. Er glaubte noch immer daran, daß die Gerichte uns recht geben würden. Ich hatte dieses Vertrauen nicht, aber ich ging mit ihm, um zu sehen, was passieren würde.

Als wir ankamen, waren sowohl der Kommandant als auch der Polizist da, der den Unfall untersucht hatte. Sie ließen mich auf der Straße warten, während der Polizist und mein Vater sich in das Sprechzimmer zurückzogen.

Draußen drückte ich mich gegen die Wand der Polizeistation, um mich vor dem kalten Wind des Buschlands zu schützen. Ich brannte darauf zu wissen, was drinnen vor sich ging, aber ich gab mir Mühe, meine Ungeduld zu unterdrücken.

Als mein Vater ungefähr vierzig Minuten später aus dem Sprechzimmer herauskam, sah ich Tränen in seinen Augen. Ohne ein Wort winkte er zum Gehen. Ich hatte meinen Vater nie zuvor weinen sehen, und ich war tief bewegt. Er blieb schweigsam auf dem Weg nach Hause, und nur auf mein Drängen erzählte er, was in der Polizeistation vor sich gegangen war. Er mußte erst seine Fassung wiederbekommen, um berichten zu können; seine Worte gruben sich wie Pfeile in meine Seele. Der Polizist hatte zu ihm gesagt, wir seien wie alle Schwarzen – immer danach trachtend, den Weißen das Geld aus der Tasche zu ziehen, ohne dafür zu arbeiten. Er hatte auch gesagt, daß mein Vater froh sein sollte, daß ich nicht gestorben sei. Er benutzte das Wort „vrek" – „verrecken", was in Afrikaans nur gebraucht wird, um den Tod eines Tieres zu beschreiben. Das also war die Antwort auf die Bitte meines Vaters um Gerechtigkeit: Der Polizist bezeichnete uns als faule, gierige Tiere.

Als mein Vater fertig war mit Erzählen, brannte ich vor Zorn und Haß. Gott, wie ich diesen Polizisten haßte! Wie ich alle Weißen haßte! Mein einziger Gedanke war Rache. Wenn dieses korrupte System der Weißen mir keine Gerechtigkeit verschaffte, würde ich selbst dafür sorgen.

Es war das Jahr 1966. Ich war ein siebzehnjähriger verkrüppelter Schwarzer, der in einem von korrupten Weißen beherrschten Land lebte. Zusammen mit meinem jüngeren Bruder George plante ich Rache. Wir wollten den weißen Mann finden, der mich zum Krüppel gemacht hatte, und sein Haus bis auf die Grundmauern niederbrennen. Leidenschaftlich verschrieben wir uns diesem Racheakt. Ich kümmerte mich nicht darum, daß ich eingesperrt werden konnte, ich kümmerte mich nicht darum, was aus mir werden würde. Ich war entschlossen zur Rache, egal, was sie mich kosten würde.

2
Die Wurzeln der Bitterkeit

Soweto liegt etwa vierundzwanzig Kilometer südwestlich von Johannesburg – ein häßliches Ungeheuer von Stadt, das ein Produkt der Apartheidspolitik ist. Zwei Gesetze der 1948 gewählten Apartheidsregierung haben Soweto zu diesem Ungeheuer gemacht. Das erste führte die Homeland-Politik ein, die den Schwarzen verbot, eigenes Land zu besitzen, selbst wenn sie es seit Generationen bewohnten und bebauten. Dieses Gesetz gab der Regierung das Recht, Schwarze zu entwurzeln und zu enteignen.

Bei dem zweiten Gesetz handelte es sich um das Gesetz über getrennte Wohngebiete (Group Areas Act), welches festlegte, daß die verschiedenen Rassen, wie Farbige, Weiße und die Nachkommen indischer Einwanderer, in vorgeschriebenen Gebieten leben mußten. Dieses Gesetz ermächtigte die Regierung, alle Schwarzen von der 280 Kilometer langen Gold- und Diamantenader wegzuholen und sie zusammen in Soweto anzusiedeln.

Soweto wurde – und ist noch heute – Südafrikas größter Schandfleck. Es ist eine verkommene Ansiedlung von Wellblechhütten, die von der Regierung gegründet wurde und in der mehr als zwei Millionen Schwarze wohnen, die Hälfte von ihnen inoffiziell. Die Menschen sind zusammengepfercht in den unterschiedlichsten Arten von Wellblechhütten und Ziegelhäusern mit drei oder vier Räumen. Die Straßenbeleuchtung in Soweto ist minimal oder existiert gar nicht. Bei Regengüssen laufen die Abwasserrinnen über, und die Straßen stehen unter Wasser. Fünf Schwarze leben zusammen in einem Raum, und der Rauch aus den Schornsteinen Tausender von Wellblechhütten liegt Tag und Nacht wie eine schwere Decke über dem Township. Nur die hohen Buschlandwinde im August vertreiben ihn für eine Weile.

In diesem Pfuhl menschlichen Elends sind Raubüberfälle und Vergewaltigungen an der Tagesordnung. Aus Frustration und Wut, manchmal ohne zu wissen warum, greifen Schwarze andere Schwarze an. Da ihnen jegliche Art der Selbstverwirklichung verweigert wird, verlieren die Menschen die Fähigkeit, sich selbst zu lieben, und wenden sich statt dessen der Gewalt zu – gegen sich selbst und gegen ihre Nachbarn. Soweto ist die zweifelhafte Herberge, die Johannesburg täglich mit schwarzen Arbeitskräften versorgt. Hier werden Schwarze geboren, hier wachsen sie auf, und hier werden sie ausgebildet, um nicht nur ihre eigene Sprache zu lernen, sondern auch Englisch und Afrikaans – und das nur, damit sie verschickt werden können als Minenarbeiter oder Botenjungen, als Putzfrauen für die Büros und billige Arbeitskräfte in von Weißen geleiteten Stadtverwaltungen oder Unternehmen.

Vierundsechzig Prozent der südafrikanischen Wirtschaft hängen an Import oder Export, der Großteil des Profits daraus geht an die Weißen; nur wenig fällt für die Schwarzen ab. Das durchschnittliche Pro-Kopf-Einkommen der Weißen in Südafrika liegt heute bei fast 30.000 DM; für Schwarze liegt es unter 3000 DM. Die Ungerechtigkeit schreit zum Himmel.

Mein Großvater mütterlicherseits kam, wie so viele Schwarze seiner Generation, nach Soweto, weil er Geld verdienen mußte. In den zwanziger Jahren begann nämlich die Regierung, von den schwarzen Südafrikanern die Bezahlung der Steuern in harter Währung statt in Vieh oder landwirtschaftlichen Produkten zu fordern. Dazu kam, daß die Marketing-Infrastruktur begann, den weißen Farmer zu begünstigen, indem sie den schwarzen Dorfbewohnern den Zugang zu den Märkten untersagte und es ihnen so unmöglich machte, ihre Ernte in Bargeld umzusetzen. Die daraus resultierende Migration der Schwarzen in die Städte garantierte eine billige Quelle schwarzer Arbeitskräfte für die wachsende Industrie der Weißen.

Wie viele vor ihm, ließ mein Großvater seine Familie in einem Dorf in der Gegend von Boons, etwa hundert Kilometer westlich von Johannesburg, zurück. Meiner Großmutter wurde nicht erlaubt, mit ihm zu gehen, sie sollte ihn nur von Zeit zu Zeit besuchen dürfen. Alle ihre Kinder, meine Mutter, ihre vier Schwestern und zwei Brüder, sind in Boons geboren.

Meine Großeltern väterlicherseits kamen Ende des letzten Jahrhunderts nach Johannesburg, um in den Goldminen zu arbeiten. Sie ließen sich in der schwarzen Enklave Roodeport-West nieder, die zu einer Satellitenstadt im Westen Johannesburgs wurde.

Mein Vater wurde in einem Teil der Stadt geboren, in den Tuberkulosepatienten in Quarantäne geschickt wurden. Ich schreibe den frühen Tod seiner Eltern der Tatsache zu, daß sie inmitten der Verwahrlosung dieser TB-Kolonie gelebt haben.

Mein Großvater war wild entschlossen, seine Familie aus dem Elend der TB-Kolonie herauszubekommen, und so sorgte er systematisch für die Ausbildung seiner vier Söhne. Seine Planung forderte von allen Kindern große Opfer, und sie war darauf ausgerichtet, dem Jüngsten die beste Ausbildung zu sichern.

Der älteste Bruder meines Vaters besuchte die Schule bis zur sechsten Klasse. Er hatte Lesen und Schreiben gelernt und konnte eine Anstellung finden. Er fing an, in einem Büro zu arbeiten, und half, das Schulgeld für seine drei Brüder aufzubringen.

Aufgrund des zweiten Einkommens konnte der Zweitälteste bis zur neunten Klasse in die Schule gehen, dann begann auch er zu arbeiten. Mein Vater, der Dritte in der Reihe, konnte nicht nur die neunte Klasse beenden, sondern auch eine Lehrerausbildung am College machen. Am Anfang des letzten Collegejahres starb mein Großvater, und mein Vater mußte einige von dessen Kleidungsstücken verkaufen, um das letzte Collegejahr bezahlen zu können.

Später heiratete mein Vater in Roodeport-West und ließ sich dort nieder. Dort wurden auch wir geboren, seine Kinder. Unsere Werte und unser Ausblick auf das Leben waren zutiefst beeinflußt von der Wertschätzung und dem Respekt meines Vaters gegenüber Bildung. Mein Antrieb und meine Entschlossenheit zum Erfolg gründen auf dem Wunsch meiner Eltern nach einem besseren Leben für sich und ihre Kinder.

Wir hielten als Familie fest zusammen und hatten eine tiefe Zuneigung zueinander. Wir wollten das Beste füreinander und wünschten uns sehnlichst, es besser zu machen als die Generation vor uns. Vor allem aber waren wir eine Familie, die frei sein wollte vom Joch des weißen Mannes und die auf der Suche war nach ihrer eigenen Identität.

Als ich größer wurde, besuchte ich regelmäßig das Dorf, in dem die Familie meiner Mutter lebte. Es hieß Boons und lag in der Nähe von Roodeport-West. Meine Geschwister und ich lernten es lieben. Es war sauber, Luft und Nahrung waren außerordentlich gut, und die meisten Dorfbewohner erfreuten sich bester Gesundheit. Die Krankheiten des weißen Mannes und der verrauchten Arbeitslager gab es dort nicht. Boons war ein idyllischer Ort im Buschland.

Mein Großvater mütterlicherseits und sein Stamm lebten dort mehr als achtzig Jahre. Sie waren stolz darauf, dieses Land selbst erworben und im Schweiße ihres Angesichtes dafür bezahlt zu haben, und sie hatten die von Paul Kruger unterzeichnete Besitzurkunde, um das zu beweisen.

Als die Regierung Boons zu einem weißen Ort erklärte, begann ein heftiger Widerstand gegen die Androhung der Zwangsumsiedlung. Mein Großvater war einer der zwölf Dorfältesten, die wußten, wo die Besitzurkunde versteckt war, aber er weigerte sich, es zu sagen. Hätte er ihren Aufbewahrungsort verraten, wäre die Urkunde beschlagnahmt worden. Dieses Risiko wollte mein Großvater nicht eingehen, obwohl er wußte, daß dies einen Konflikt mit dem örtlichen weißen Friedensrichter nach sich ziehen würde, der die Räumung des Dorfes durchzuführen hatte.

Es dauerte nicht lange, bis die Dorfältesten verhaftet und zur Befragung festgehalten wurden.

Das weiße Regime war entschlossen, die Besitzurkunde zu bekommen und die Dorfgemeinschaft unter allen Umständen zu vertreiben. Die Ältesten waren jedoch mindestens ebenso entschlossen, dem Druck standzuhalten, um das Besitzrecht für das Land zu behalten. Und so begann ein erbitterter Kampf, der sechs Jahre andauerte.

Ich erinnere mich daran, wie wir, als ich ein Kind war, um ein offenes Herdfeuer herumsaßen und mein Großvater von den Grauen der Haft erzählte und sich fragte, ob die Ältesten Kraft genug hätten, den Aufbewahrungsort der Besitzurkunde für sich zu behalten.

Es war offensichtlich, daß mein Großvater entschlossen war, sein Geheimnis, wenn nötig, mit ins Grab zu nehmen. Das tat er dann auch.

Während dieser sechs Jahre wurden die Ältesten immer wieder von der Regierung gefangengenommen. Auf diese Weise versuchte man, ihren Willen zu brechen und sie dazu zu zwingen, eine Einverständniserklärung zur Übergabe des Besitzrechts zu unterzeichnen. Während die Ältesten im Gefängnis saßen, bemühte sich die Regierung, eine Spaltung unter den Dorfbewohnern herbeizuführen. Sie versuchte, sie davon zu überzeugen, daß sie in Boons keine Zukunft hätten, und stellte finanzielle Anreize in Aussicht, wenn sie sich bereit erklärten wegzuziehen. Eine kleine Minderheit der Dorfbewohner konnten sie dazu bringen, wegzuziehen. Die meisten blieben. Man merkte schließlich, daß diese Strategie nicht erfolgreich sein würde.

Daraufhin versuchte es die Regierung mit einer neuen Taktik: sie ließ die Schulgebäude des Dorfes dem Erdboden gleich machen in der Hoffnung, die Dorfbewohner so zum Wegzug zu bewegen. Diese jedoch verlegten die Ausbildung ihrer Kinder in die noch stehenden Kirchengebäude. Wutentbrannt riß die Regierung auch diese nieder.

Was die Bewohner des Dorfes schließlich zwang, wegzuziehen, geschah an dem Tag, an dem die Ältesten zum letzten Mal von Regierungstruppen in Haft genommen wurden: Als der letzte von ihnen abgeholt worden war, zerstörten die Truppen das Wasserversorgungssystem.

Dann teilte die Regierung den Leuten mit, daß sie auch ihre Häuser und Einrichtungen zertrümmern würde, wenn sie sich nicht bereit erklärten, wegzugehen. Gebrochen, besiegt und ohne Führer luden die Dorfbewohner traurig ihre paar Habseligkeiten in Lastwagen der Armee und wurden in das Homeland Boputhatswana gefahren. Als mein Großvater und die anderen Ältesten schließlich freigelassen wurden, wurden auch sie zwangsweise in die neue Ansiedlung gebracht.

Die Regierung lieh jeder Familie für drei Monate zwei Armeezelte: eins, um ihre Habseligkeiten unterzubringen, das andere zum Wohnen. In diesen drei Monaten sollten die Dorfbewohner neue Häuser gebaut haben, weil die Armee die Zelte brauchte, um dieselbe Aktion anderswo zu wiederholen. Weil die Regierung sich weigerte, ihnen eine Entschädigung für ihre zerstörten Häuser zu zahlen, hatten die Leute kein Geld, um neue Häuser zu bauen. Die Homeland-Ansiedlung blieb mehr als zehn Jahre lang eine Barackenstadt. Als Folge der brutalen Behandlung während der vielen Gefangenschaften konnte mein Großvater nicht mehr körperlich arbeiten. Er war regelmäßig für eine Dauer von jeweils sechs Monaten im Gefängnis gewesen, ohne daß es eine Anklage gegen ihn gegeben hätte und ohne Gerichtsverfahren. Während dieser Gefangenschaften war er in der schrecklichen Hitze von Pretoria oft völlig nackt einen ganzen Tag lang an einen Pfahl im Gefängnishof gebunden.

Mein Großvater starb 1977 im Alter von einundsiebzig Jahren als ein desillusionierter, verbitterter alter Mann. Er hat den Aufbewahrungsort der Besitzurkunde für das Land nie verraten. Bis heute liegt sie irgendwo im Boden vergraben. Die Regierung hat das Land nie bezahlt, noch verfügt sie über eine Besitzurkunde.

Diese Ereignisse weckten in mir einen frühen Haß auf den weißen Mann und das System, das er vertrat.

Auch meine Eltern waren zwangsweise von Roodeport nach Soweto umgesiedelt worden, in dieses Wirrwarr von schwarzen Townships, das durch die Apartheidspolitik der südafrikanischen Regierung entstanden war und wo die Wohngegenden Ghettos voll von Kriminalität, Hexerei, Straßenbanden, Musik und einer Kultur waren, die vom Fußball bestimmt wurde.

In diese Umgebung zogen wir elf Molebatsi-Kinder. Und so sollte ich schon mit zwölf Jahren die Häßlichkeit der Apartheid aus erster Hand kennenlernen.

Wir Molebatsis waren stolz auf die Tatsache, sehr früh Englisch zu können. Durch diese Fähigkeit gehörten wir zu der kleinen Gruppe von Menschen, die sich über Themen der Wirtschaft, der Literatur und vor allem der politischen Philosophie unterhalten konnten. Wir mußten auch Afrikaans lernen, um unsere weißen Arbeitgeber in ihrer eigenen Sprache ansprechen zu können.

Zusätzlich benutzten wir oft unseren eigenen Dialekt – den die Weißen nicht verstanden. Mit unseren Sprachkenntnissen waren wir den meisten weißen Familien weit überlegen.

Als ich diese Sprachkenntnisse einmal auf einem Bahnhof anwandte, hatte ich meine erste eigene Erfahrung mit der Apartheid. Ich wollte mit dem Zug von Ottosdaal nach Wolmaranstad, um Verwandte zu besuchen. Beides waren kleine Städte im westlichen Teil Transvaals, die völlig von Afrikaandern beherrscht wurden. Der Beamte am Fahrkartenschalter war, wie zu erwarten, ein Afrikaander; diese Art Anstellung bekamen Schwarze nie.

Ungezwungen näherte ich mich dem Schalter und bat um eine Fahrkarte. Ich war kaum fertig mit Sprechen, da sah der Schalterbeamte mich an und sagte drohend: „Wie hast du mich genannt?" Ich hatte das Wort „Meneer" benutzt, ein Wort in Afrikaans, das „Mister", „Herr", bedeutete.

„Wie kannst du es wagen, mich ‚Mister' zu nennen!" schrie der Schalterbeamte. „So kannst du mit deinem Kaffernprediger sprechen, aber nicht mit mir. Du hast mich gefälligst mit ‚Baas' anzureden!" In unkontrollierter Wut griff er nach einer großen Lederpeitsche, schoß hinter dem Schalter hervor und holte aus, um mich zu schlagen. Mir wurde eiskalt. Ich stand da mit offenem Mund und zitterte am ganzen Körper. Dann drehte ich mich um und rannte, die Leute anrempelnd, so schnell ich konnte den Bahnhof entlang. Doch sofort schloß sich ein weißer Polizist dem Schalterbeamten an, der mich verfolgte.

Die beiden hatten ernsthaft vor, mich zu fangen. In einer verzweifelten Anstrengung zu entfliehen entschied ich mich, den Weg über die Schienen zu nehmen – die Mühe war umsonst: auf dem losen Kies stolperte ich und fiel hin.

Plötzlich war der Polizist über mir, packte mich am Kragen und riß mich hoch. Er fragte den Schalterbeamten, was passiert sei, und bekam zur Antwort, daß ich es ihm gegenüber an Respekt hatte fehlen lassen.

Der Polizist sah mich an und sagte: „Worauf wartest du? Bitte den

‚Baas' um Entschuldigung, dann werde ich ihn bitten, dich nicht zu schlagen."

Ich hatte keine Wahl. Entweder ich entschuldigte mich, oder der Beamte würde mich grün und blau schlagen. Ich wußte, wie machtlos ich war, also entschuldigte ich mich. Der „Baas" hatte seinen Willen durchgesetzt.

Eine unbehagliche Stille senkte sich über den Bahnhof. Vor aller Augen kaufte ich meine Fahrkarte und wartete auf den Zug – es schien Stunden zu dauern, bis er kam. Ich war in der Gegenwart anderer Schwarzer erniedrigt worden, und weder sie noch ich konnten etwas dagegen tun. Sie wußten, daß meine Erniedrigung auch ihre Erniedrigung war, und sie teilten den Schmerz und die Demütigung. Aber niemand sagte etwas. Der Bestrafung war ich zwar entgangen, hatte aber das Gefühl, vergewaltigt worden zu sein.

Ich war vor Dutzenden meiner Leute gedemütigt worden, und es blieb mir nichts anderes übrig, als das zu akzeptieren. Am liebsten hätte ich meine Wut auf dem Bahnhof laut herausgeschrien. Selbst meine schwarzen Brüder haßte ich in diesem Moment. Durch ihre Untätigkeit waren auch sie vor dem weißen Mann zu Kreuze gekrochen, auch sie waren gedemütigt worden.

Schließlich kam der Zug, und ich stieg ein. Mit Abscheu sah ich aus dem fahrenden Zug auf den Bahnhof zurück. Ich versuchte mit jedem Kilometer, den wir uns entfernten, auch innerlich Abstand von dem zu gewinnen, was passiert war. Aber die räumliche Entfernung konnte mich nicht von meinem Gefühl der Demütigung befreien. Diese Erfahrung blieb haften. Oft wurde sie zu einem Alptraum, der mich nachts weckte. Selbst heute erinnere ich mich, wenn ich Zug fahre, an dieses häßliche Erlebnis.

Jahre nach dieser Begebenheit – ich stand mitten im Prozeß meiner inneren Heilung – kehrte ich zu diesem Bahnhof zurück. Natürlich waren dort andere Menschen als damals, auch der Schalterbeamte war lange weg.

Aber für mich sah der Bahnhof noch genauso aus wie damals und barg die häßliche Erinnerung an meine Demütigung. Ich stand dort als erwachsener Mann und begriff, daß diese Erfahrung die erste Lektion auf dem Weg zum persönlichen Haß gewesen war. Ich entdeckte, daß ich das, was ich fürchtete, auch sehr schnell hassen lernte.

Das Ausmaß der Entmenschlichung meines Volkes und meiner selbst zeigte sich deutlich in der Art, wie Weiße im Gespräch mit Schwarzen von sich selbst in der dritten Person sprachen. Einmal verlor ich fast mein mageres Einkommen von 1,85 Rand (1,25 DM) plus 4 Rand (2,70 DM) Trinkgeld, die ich für einen Tag Arbeit in einem Supermarkt verdiente, weil ich mich weigerte, dies erniedrigende Gehabe hinzunehmen.

Eine Frau, die als Abteilungsleiterin im Lager arbeitete, sagte, von sich selbst sprechend, oft zu mir: „Junge, die Missis will, daß du eine Kiste Tomaten holst und sie für die Missis auf die Theke stellst." („Missis" war das weibliche Gegenstück zu „Baas".) Die Art und Weise, wie sie die dritte Person benutzte, um mit mir zu reden, demütigte mich und machte mir immer wieder klar, wie völlig wertlos ich in ihren Augen war. Ich beging den unverzeihlichen Fehler, sie zu fragen, warum sie von sich in der dritten Person spräche, wenn ich doch direkt vor ihr stünde. Das war für sie der Beweis, daß ich ein frecher Schwarzer war. Rot vor Wut stürmte sie in das Büro des Geschäftsführers. Ich wußte, daß das wahrscheinlich meinen Rausschmiß bedeutete.

Wenige Minuten später wurde ich auch schon gerufen. Wortlos reichte mir der Geschäftsführer einen Umschlag mit 1,85 Rand – ohne Trinkgelder hinzuzutun. Ich war gefeuert.

Mrs. Thomas, eine englische Angestellte im Lager, hatte die ganze Geschichte beobachtet. Sie sah mich das Büro verlassen und merkte, daß ich die von der Firma gestellte Schürze ausgezogen hatte. Daraufhin bat sie mich, eine Minute zu warten, und ging zum Geschäftsführer. Ein paar Minuten später kam sie wieder und sagte mir, daß ich nicht gehen müsse, aber in eine andere Abteilung des Lagers versetzt würde. Man hatte mir eine Gnadenfrist gewährt.

Trotz der Frist – das wußte ich – hatte sich nichts wirklich geändert. Meine Anstellung im Lager war nicht von langer Dauer. Bald nach dem Vorfall begann ich, mich nach etwas anderem umzusehen.

Als ich zehn Jahre später, mit nun siebenundzwanzig Jahren, nach einem fünfjährigen Aufenthalt in den Vereinigten Staaten nach Südafrika zurückkehrte, stellte ich fest, daß sich in meinen Homelands nichts geändert hatte.

In einer Bank wartete ich in einer Schlange darauf, vom Kassierer bedient zu werden. Vor mir stand die Frau, die mir in der Schule die ersten Buchstaben beigebracht hatte und die ich sehr schätzte. Während wir uns beim Warten unterhielten, beobachtete ich, wie die Bankangestellten verteilt waren.

Von fünf Kassierern war einer nur für Schwarze, die anderen vier für

Weiße. Zu bestimmten Tageszeiten wurden in großen Städten und kleinen Orten wie Roodeport schwarze Laufburschen damit beauftragt, das Bargeld von kleinen Firmen und Läden mit weißen Besitzern in die Bank einzuzahlen. Diese schwarzen Boten mußten oft eine Stunde und länger in der Schlange stehen, um von einem bestimmten Kassierer bedient zu werden – wodurch sie ihre Mittagspause verpaßten –, obwohl die anderen vier Kassierer keinen zu bedienen hatten.

An jenem Tag waren bei den vier „Nur für Weiße"-Kassierern kurze Schlangen. Ich wartete in der Schlange „Nur für Schwarze" mit mehr als zwanzig Leuten vor mir. Mein Zorn wurde immer größer, als ich mehrere der anderen Kassierer untätig herumstehen sah.

Unser Kassierer war nicht älter als neunzehn oder zwanzig Jahre, und er war ziemlich langsam. Es war üblich bei den Banken, unerfahrene weiße Jungen an den Schwarzen üben zu lassen, für die, so meinte man, guter Service unwichtig war.

Als meine ehemalige Lehrerin schließlich an der Reihe war, sagte sie zu dem jungen Mann hinter dem Schalter: „Baas, ich hätte dieses Geld gern in..."

Ich unterbrach sie abrupt und sagte ärgerlich: „Warum nennst du diesen jungen Burschen ‚Baas'? Er ist jünger als du und ich, und du nennst ihn ‚Baas'?"

Sie drehte sich zu mir um und sagte: „Mein Junge, wenn ich ihn nicht ‚Baas' nenne, werde ich niemals bedient."

Ihre Unterwürfigkeit war unerträglich für mich, denn sie war es gewesen, die mich gelehrt hatte, wie wichtig Selbstachtung ist. Ich war so wütend, daß ich mich jäh umdrehte und durch die Bank zu einem der „Nur für Weiße"-Schalter stampfte. Mit zusammengebissenen Zähnen befahl ich der Kassiererin, mich zu bedienen. Ich legte mein Geld auf die Theke und sagte: „Sie sind frei, und das hier ist Ihr Job. Geben Sie mir Kleingeld dafür."

Sie wurde wütend und warf mehrere Rollen mit Geldstücken auf den Boden. Die Pakete gingen auf, und die Geldstücke rollten hinter dem Schalter in alle Richtungen.

In der Bank herrschte Totenstille; jeder starrte mich an. Mir wurde plötzlich klar, daß ich zu weit gegangen war. Ich hatte mich in eine Situation gebracht, in der ich für die Weißen angreifbar war. Ich ergriff die Flucht nach vorn und ging selbst zum Angriff über.

So schnell ich konnte, ging ich zu dem für Öffentlichkeitsarbeit zuständigen Schalter der Bank. Ich sah dem Public-Relations-Beamten gerade in die Augen und sagte: „Das reicht. Ich habe mein Bankkonto während meiner Studienzeit in den Vereinigten Staaten hier bei Ihnen eingerichtet. Aber ich habe auch noch internationale Konten. Ich werde mir weder von ihr noch von irgend jemand anderem in dieser Bank etwas gefallen lassen."

Ich spielte mit hohem Einsatz. Meine Chance bestand darin, daß ich – in ihren Augen – als ein Schwarzer mit Auslandserfahrung Einfluß haben könnte und sie deshalb mit mir vorsichtiger umgehen würden.

Während der ganzen Zeit hatte die Kassiererin weiter vor sich hin gebrummt und geschimpft.

In dem Moment trat der Geschäftsführer aus seinem Büro im hinteren Teil der Bank, und sein erster Blick fiel auf die Frau, die auf dem Boden herumkroch und die Geldstücke einzeln auflas.

Plötzlich erschien mir die ganze Szene in höchstem Maße lächerlich – mein eigener Ärger, der verunsicherte Public-Relations-Beamte, die schimpfende Kassiererin, die erschreckten Kunden, der verwirrte Geschäftsführer –, und ich begann zu lachen.

Als ich meine Fassung wiedergewonnen hatte, nutzte ich schnell die Unkenntnis des Geschäftsführers; er wußte ja nicht, was passiert war. Mit Unschuldsmiene erklärte ich ihm, daß alles, was ich wollte, Kleingeld wäre.

Da er mich ohne Zweifel schnell aus der Bank haben wollte, damit die Dinge wieder ihren normalen Lauf nehmen konnten, wies der Geschäftsführer den Public-Relations-Beamten an, sich meiner anzunehmen. Bald hatte ich mein Kleingeld und stand draußen auf der Straße. Dort wartete meine ehemalige Lehrerin auf mich und machte sich offensichtlich Sorgen, was aus mir geworden war. Mit einem Seufzer der Erleichterung sah sie mich ohne Handschellen und ohne Spuren einer Schlägerei aus der Bank kommen.

Obwohl sie ohne Zweifel ihre komischen Seiten hatte, zeigte diese Begebenheit doch eine der vielen tragischen Folgen der Apartheid. Beide, Schwarze und Weiße, waren darauf trainiert, sich in einer bestimmten Weise zu benehmen – egal ob dieses Benehmen vom menschlichen oder kommerziellen Standpunkt aus sinnvoll war oder nicht. Die Ironie in dieser speziellen Situation war, daß es ja eigentlich im Interesse der Bank war, alle Kunden zu bedienen, Schwarze und Weiße. Ein gutes Geschäft ist weder von Nationalität noch von Hautfarbe abhängig.

3
Eine kleine Geschichtsstunde

Die Geschichte Südafrikas ist die Geschichte der Schwarzen vor und nach der Ankunft des weißen Mannes. Wir waren vor ihm da, und doch ist er jetzt Teil der Geschichte der südlichen Spitze dieses gewaltigen Kontinents.

Meine eigene Geschichte ist zum Teil mit der des weißen Mannes verbunden. Mein Leben verlief unabhängig von ihm, aber die Verflechtungen wuchsen in dem Maße, in dem seine Anwesenheit für mein Leben und für das aller Schwarzen in ganz Südafrika eine nicht mehr zu übergehende Tatsache war.

Aber die Geschichte der Schwarzen Südafrikas seit 1652 besteht nicht nur aus der Herrschaft der Weißen und der sogenannten Zivilisierung der Schwarzen, über die so oft gesprochen wird. Sie ist vielmehr die Geschichte des Widerstandes unseres Volkes gegen die von den Weißen systematisch betriebene Vertreibung von unserem Land.

Im 17. Jahrhundert gründeten englische und niederländische Besucher auf ihrem Weg von und nach Indien die ersten europäischen Niederlassungen. 1657 ließen sich die ersten zwölf Siedler auf kleinen Farmen entlang des Liesbeckflusses nieder. Bald danach begann die Expansion. 1658 kam der erste Schub Sklaven aus dem niederländischen Ostindien, aus Indonesien und Ostafrika (Schwarze aus dem Stamm der Sotho, die bereits handwerkliche Tätigkeiten aufgenommen hatten) in die Cape-Malay-Ansiedlung.

Die Khoisan – das Wort ist zusammengesetzt aus „Khoi" und „San", den Namen zweier Stämme in der Kap-Region, beide als Hirtennomaden bekannt – begannen rechtzeitig, sich als Arbeiter von den Siedlern einstellen zu lassen. Einige taten das, weil sie um ihr Land und Vieh gebracht worden waren; andere fühlten sich angezogen von der Aussicht auf materiellen Gewinn. Die niederländischen Siedler nannten sie Hottentotten. Als die weißen Siedler sich nördlich des Kaps auszudehnen begannen, gab es Konflikte mit den Khoi. Was als Freundschaft begonnen hatte, verlor schnell an Wert, als die Khoi merkten, was mit ihrem Land in der Hand der Siedler passierte: mitsamt den Gütern wurde es verschachert. Sie begannen, den Siedlern Scharmützel zu liefern, die Guerillaangriffen glichen und schließlich zum Krieg führten.

Mit der wachsenden Feindschaft verstärkte sich die rassistische Haltung. Als schließlich die Kolonie gegründet wurde, war das Überlegenheitsgefühl gegenüber den Khois bereits offensichtlich. Es gab zwar keine offene Rassendiskriminierung, aber die Weißen hatten deutliche Vorbehalte gegen den Stamm.

Da es jedoch in der weißen Kolonie mehr Männer als Frauen gab, wurden sexuelle Beziehungen zwischen den Rassen allgemein üblich. 1671 waren zwei Drittel der von Sklavenfrauen am Kap geborenen Kinder gemischtrassiger Herkunft.

Nach und nach verstärkte sich die rassistische Einstellung der Europäer, und einer großen Anzahl von Schwarzen, von denen viele sich an die europäische Kultur angepaßt hatten, standen immer weniger Möglichkeiten offen. Die Ausdehnung der Kolonie, die Ankunft von immer mehr europäischen Siedlern und der ständige Kampf um das Besitzrecht auf das Land erhöhten die rassischen Feindseligkeiten noch.

Um 1800 hatten die Briten die Herrschaft des Landes übernommen, und die Niederländer (Buren genannt) stellten fest, daß sie keinerlei politische Macht hatten. Verdrossen über die Briten und ihre Gesetze, verließen sie das Kap und reisten nordwärts und ins Landesinnere und begannen, was später als der „Große Treck" bekannt wurde.

Jenseits der Grenzen der Kapkolonie siedelten die Xhosa und Zulu. Der Vormarsch der Buren machte einen Konflikt unvermeidlich. Am 16. Dezember 1838 trafen 500 Buren am Blut-Fluß auf 10.000 Zulus. Die Buren bildeten eine Wagenburg („Laager") und töteten 3.000 Zulus, während sie selbst nur drei Verluste zu beklagen hatten. Sie ließen sich auf dem Zulu-Land nieder, das sie erobert hatten, und gründeten die Republik Natal. 1842 fielen jedoch die Briten in Natal ein, und die Niederländer waren wieder unter britischer Herrschaft.

Die vordringenden Buren trafen auf keinen großen Widerstand, als sie das Land unseres Stammes besiedelten. Die Niederländer flohen aus dem Britischen Empire, die afrikanischen Stämme auf ihrem Weg zeigten sich freundlich den Reisenden gegenüber und versorgten sie mit Nahrung und Vorräten, damit sie nicht hungern mußten.

Unsere Freundlichkeit war unser Verderben. Als die Buren an die Macht kamen, wurden wir zu zweitklassigen Bürgern in unserem eigenen Land.

Die Niederländer gründeten mehrere Burenrepubliken, die unabhängig von britischer Herrschaft sein sollten. Schwarze Völker waren in diesem Prozeß kein Thema, sie waren nicht einmal so viel wert, daß mit ihnen verhandelt wurde. Der Kampf fand allein zwischen den Buren und den Briten statt. Es war, als ob zwei Elefanten um Land kämpften und dabei das Gras unter ihren Füßen zertrampelten. Das Gras unter den regierenden weißen Elefantenfüßen waren die Schwarzen.

1844 gründeten die Niederländer die Südafrikanische Republik mit der Hauptstadt Pretoria. Hier hatten sie keine Einmischung der Briten zu erwarten. Um 1860 war Südafrika geteilt in die britischen Regionen und in die der Afrikaander niederländischer Herkunft – und nur einige wenige Gebiete waren unter der Kontrolle von Schwarzen oder Farbigen geblieben. Das war der Anfang vom Ende meines Volkes.

Im späten 19. Jahrhundert begannen die Engländer, eine Bergbauindustrie zu entwickeln. Entlang des an Bodenschätzen reichen „Reef" schossen immer neue Städte aus dem Boden. Ihres Landes beraubt und mit Führern, die nun ihren neuen weißen Herren gegenüber rechenschaftspflichtig waren, kamen viele desillusionierte Schwarze in den Dreck und das Elend der Bergbau-Camps rund um Johannesburg.

Meinen Großvater väterlicherseits hatte man ebenfalls gezwungen, in dieses Umfeld zu gehen; er sollte in der Bergarbeitersiedlung Roodeport für den weißen Mann arbeiten. Zwangsweise in diese multi-kulturelle und multi-ethnische Umgebung versetzt, kam mein Großvater bald mit Menschen vieler verschiedener Stämme zusammen. So kam es zur Heirat mit Adellinah, einer Frau eines anderen Stammes.

Es war eine glückliche Ehe, aus der fünf Kinder hervorgingen. Aber das Leben meines Großvaters war auch geprägt von Entfremdung und Knechtschaft. Es war beherrscht von ihm aufgezwungenen Gesetzen und Verordnungen und von einem System, das seine Rechte und die Regierungsform, unter der er aufgewachsen war, völlig ignorierte. Diese ausländische Regierung nannte ihn einen Fremden und trennte ihn auf eine Art und Weise von seiner Stammesvergangenheit und von seinem Boden, die ihn langsam aber sicher um seine Menschlichkeit bringen mußte.

Es war der Wendepunkt für mein Volk.

Die nach unten zeigende Spirale der Demütigung hatte sich in Bewegung gesetzt, und die über Generationen angewandten Formen der Mißhandlung brachten sozusagen eine angelernte Hilflosigkeit hervor. Das Volk der Schwarzen im allgemeinen – und meine Familie im besonderen – sollte für die nächsten zwei Generationen an der eigenen Unterdrückung mitarbeiten.

Im Burenkrieg von 1899 entluden sich die Spannungen zwischen der britischen Kap-Regierung und den Niederländern, die sich in den Burenrepubliken im Norden niedergelassen hatten. Genaugenommen war es ein südafrikanischer Krieg, weil viele Schwarze daran beteiligt waren. Der vier Jahre andauernde Konflikt endete mit einem Sieg der Briten. Englisch sprechende Südafrikaner behielten die Kontrolle sowohl auf dem Gebiet der Wirtschaft als auch der Politik.

1910 bildeten die vier existierenden britischen Kolonien die Südafrikanische Union. Allen schwarzen Südafrikanern – außer denen am Kap – wurde das Wahlrecht abgesprochen. Als Reaktion darauf bildeten eine Reihe von schwarzen Führungspersönlichkeiten – unter ihnen Häuptlinge, Rechtsanwälte, Lehrer und Geistliche – eine eigene politische Organisation. Sie trafen sich 1912 in Bloemfontein und gründeten den Nationalkongreß der schwarzen Südafrikaner (South African Native National Congress). Später nannten sie sich Afrikanischer Nationalkongreß (ANC), eine Vereinigung, die ein nichtrassistisches Südafrika anstrebte. Jedoch stellte auch sie Schwarze nicht auf eine Stufe mit den Briten. Schwarze, Inder und Malaysier waren nach wie vor allein gelassen in der politischen Landschaft mit all ihren Unwägbarkeiten, ohne zu wissen, wohin sie sich wenden sollten.

Der Anfang vom Ende der Freiheit der Schwarzen kam 1913, als die Regierung das Eingeborenen-Landgesetz (Native Land Act), eine der wichtigsten Parlamentsverordnungen in der südafrikanischen Geschichte, verabschiedete. Mit ihr wurde die Grundlage gelegt für die moderne Rassentrennung. Sie teilte die Südafrikanische Union auf in Gebiete für Weiße und für Schwarze und beschränkte das Eigentumsrecht der Schwarzen auf einen sehr kleinen Teil des Landes, und zwar auf die sogenannten Homelands. Bei der endgültigen Aufteilung des Landes wurden den Europäern siebenundachtzig Prozent zugesprochen und nur dreizehn Prozent den afrikanischen Eingeborenen – und dabei handelte es sich meistens um nicht anbaufähiges Ackerland. Die Realität sah noch schlimmer aus: tatsächlich durften die Schwarzen nur wenig mehr als sieben Prozent des Landes in Besitz nehmen.

Mit dem Eingeborenen-Landgesetz sollte von Schwarzen betriebene Landwirtschaft auf weißem Land für illegal erklärt werden. Nun waren die Schwarzen also nicht nur vom politischen Prozeß isoliert, sondern auch noch um das Land gebracht, das einst ihr eigenes gewesen war.

1923 verabschiedete die Regierung das Eingeborenen-Landgesetz für Städte (Natives [Urban Areas] Act), das die Errichtung schwarzer Townships außerhalb der großen Städte verfügte. Der Boden in diesen

Townships gehörte der Regierung, und die Schwarzen konnten Häuser nur mieten und nicht kaufen. Es war klar, worauf das Gesetz hinauslief: Die Schwarzen wurden zu vorübergehenden Besuchern herabgestuft, die man sich in den weißen Städten ansonsten vom Leibe hielt.

Anfang des 20. Jahrhunderts gab es in Südafrika also eine legale Rassendiskriminierung. Während dieser Zeit wurde den Afrikaandern auch klar, daß sie sich organisieren mußten, wenn sie in dem von ihnen adoptierten Land jemals wirtschaftlichen Wohlstand erreichen wollten. Dies bedurfte allerdings weiterer dreißig Jahre und einer politischen Ideologie der Selbstbestimmung – die beinhaltete, daß man Geschäfte nur untereinander abschloß, große Familien hatte und nur diejenigen unterstützte, die sich für das Fortkommen der Afrikaander einsetzten – bis sie den von ihnen angestrebten Erfolg erzielten.

Als sie sich einmal etabliert hatten, bildeten die Afrikaander die Mehrheit der weißen Bevölkerung. Eine Welle von Nationalismus, der sowohl anti-britisch als auch anti-schwarz war, trug sie an die Macht.

Eine neue, aus Afrikaandern bestehende Regierung, an deren Spitze ein ehemaliger Burengeneral stand, führte Gesetze ein, die zur Errichtung separater Townships für Schwarze führten und schwarze Arbeiter vom Handel ausschlossen. Außerdem bekamen die Schwarzen weitere politische Rechte abgesprochen.

Angefacht durch die weltweite wirtschaftliche Rezession in den dreißiger Jahren, begannen sich aber auch bei den Afrikaandern untereinander Spaltungen breitzumachen. Eine Spaltung ihrer politischen Parteien führte zur Gründung der Gereinigten Nationalpartei, später Nationalpartei genannt.

Während die Engländer mit Handel und Industrie beschäftigt waren, gewann die Nationalistische Partei an politischem Einfluß. Am 26. Mai 1948 gewann sie die Wahlen und wurde zur Regierungspartei.

Dieses Jahr 1948 war noch aus einem anderen Grund ein Meilenstein in der südafrikanischen Geschichte. Es war das Jahr, in dem die Apartheid geboren und so der Rassismus zum offiziellen Recht des Landes wurde.

4
Die Apartheid siegt

Als Dr. D.F. Malan 1948 als erster Premierminister der Apartheidsregierung sein Amt antrat, war das gesetzgebende Programm eingeführt, das das Prinzip „trenne und herrsche" zum wichtigsten Kriterium machen sollte.

Englische Regierungsbeamte wurden, ungeachtet ihrer Kompetenz, über Nacht entlassen und durch Afrikaander ersetzt. Im Handumdrehen waren alle wichtigen Ministerien unter der Kontrolle von ideologisch „sicheren" Bürokraten.

Innerhalb der nächsten fünf Jahre wurde ein rigoroses Gesetzgebungsprogramm in die Tat umgesetzt, das die Idee der Rassentrennung zu einer dauerhaften Struktur ausbaute. Die Apartheid strebte eine Gesellschaft an, in der jede Rasse völlig für sich allein lebte – in getrennten Häusern, getrennten Berufen, getrennten Kirchen, getrennten Theatern und Restaurants. Eine Vermischung der Rassen – besonders durch Heirat – war streng verboten. Schwarze durften die Gebiete der Weißen nur betreten, um ihre Arbeitskraft zu verkaufen. Nach getaner Arbeit mußten sie in ihre eigenen Gebiete zurückkehren. Diese Gebiete waren auf ihren Pässen vermerkt, die Schwarze immer bei sich zu tragen hatten. Das Prinzip „trenne und herrsche" traf also wahrhaftig zu: Wir wurden getrennt, und sie herrschten.

Keine schwarze Familie entging den vernichtenden Folgen dieser Gesetze. Eines der schlimmsten war das Bantu-Erziehungsgesetz (Bantu Education Act – mit „Bantu" sind die Schwarzen gemeint, Anm. d. Übers.), das 1953 ins Parlament eingebracht und 1955 verabschiedet wurde.

Bis dahin hatte die Englische, das heißt hauptsächlich die Anglikanische Kirche sich geweigert, die Entwürfe und die Politik der Regierung anzuerkennen, und hatte sich dem Dienst an den Armen und Unterdrückten verschrieben. Ihre Hauptanstrengungen lagen auf dem Bildungssektor. Aber die Apartheidsregierung brauchte die Kirche, um das Modell der Trennung zu festigen und das Überleben der Afrikaander zu sichern. Zu diesem Zweck mußte die Kirche von ihrem Auftrag abgebracht werden, sich, wie es das Evangelium fordert, in ihrem Dienst um die Grundbedürfnisse und die Bildung der Armen zu kümmern.

Statt dessen sollte sie sich – so wollte es der Staat – ausschließlich auf die geistlichen Bedürfnisse konzentrieren. Auf diese Weise konnte die Regierung sich des Erziehungssystems bemächtigen, das die Kirche über ein Jahrhundert hinweg aufgebaut hatte, und es unter die Kontrolle des Staates bringen.

Das war das Ziel des Bantu-Erziehungsgesetzes. Es gab der Regierung die Kontrolle über sämtliche Ausbildungsmöglichkeiten für Schwarze bzw. die Macht, solche zu verbieten. Zur Erklärung sagte der für die Erziehung der Schwarzen zuständige Minister Dr. Hendrik Verwoerd: „Wozu soll ein Bantu-Kind Mathematik lernen, da es sowieso nie Gebrauch davon machen kann? Darum ist es nötig, die Erziehung der Eingeborenen zu kontrollieren, damit sie im Einklang mit der Politik des Staates geschieht."

Damit war unsere Aussicht – meine und die meiner Geschwister – auf eine Ausbildung, wie sie mein Vater für uns geplant hatte, zunichte gemacht. Dieses Gesetz machte einen unterwürfigen Schwarzen zum Ziel der Erziehung, der nur dazu da war, den Interessen der weißen Gesellschaft zu dienen.

Dabei kam es auf zwei Dinge an: Erstens sollte dem neuen Heer von Industriearbeitern nur das Allernotwendigste an Lesen und Schreiben beigebracht, und zweitens sollte die rebellierende Jugend in den Townships an Disziplin gewöhnt werden. Was tatsächlich dabei herauskam, war die Einführung eines Massenschulsystems schlimmster Art. Das Bantu-Erziehungsgesetz setzte das Ausbildungsniveau der Schwarzen herab, weil die weiße Regierung kein Interesse am Erfolg des schwarzen Mannes hatte. Wenn er Erfolg hätte, könnte er auch politische Ambitionen bekommen, und dieses Gebiet war ausschließlich der herrschenden Klasse der Weißen vorbehalten.

Der Zweck des Erziehungssystems für Schwarze war also von nun an, eine Arbeiterklasse für das Wirtschaftssystem der Weißen zu schaffen und diesen so einen Lebensstandard zu garantieren, der über dem des restlichen afrikanischen Kontinents lag. Der Schwarze sollte für immer abhängig sein von der Freigebigkeit des weißen Mannes. Es war die reinste und hinterlistigste Art eines rassischen Völkermordes.

Mein Vater, der ein leidenschaftlicher Lehrer war, sah sich gefangen in einer Zwickmühle: Sollte er unter dem neuen Gesetz weiter unterrichten und so den Kindern helfen, die so nötig eine Ausbildung brauchten, oder sollte er das ganze System boykottieren – ohne eine Alternative zu sehen? Viele Lehrer einschließlich meines Vaters beschlossen zu bleiben. Zusammen gründeten sie Organisationen wie die „Transvaaler Vereinigung Afrikanischer Lehrer", um ihre Opposition gegen die neue Ausbildungsphilosophie laut werden zu lassen. Sie blieben ebenfalls aktive Mitglieder in schwarzen Befreiungsbewegungen.

Zusammen mit dem neuen Ausbildungsgesetz kam das Gesetz über getrennte Wohngebiete (Group Areas Act), das der Regierung das Recht gab, von den Weißen getrennte, schwarze Wohngebiete einzurichten. Das alte Haus, in dem wir in Roodeport-West gewohnt hatten, war nun zu nah an der weißen Gesellschaft. Man betrachtete uns als eine Bedrohung für die armen Weißen, die in unserer Nähe wohnten: Sollte die Regierung einmal in die Situation kommen, Aufstände in den schwarzen Townships niederschlagen zu müssen, könnten die Weißen leicht ins Kreuzfeuer geraten.

Um also der neuen Politik von Pufferzonen zu entsprechen, wurden die Schwarzen durch einen 12 Kilometer breiten Streifen unbewohnten Landes (einer Art Niemandsland ohne Minen) von den Weißen getrennt.

Als Folge davon wurden meine Familie und ich – wir waren dreizehn Personen – gezwungen, von Roodeport-West, wo wir sowohl Eigentümer unseres Hauses als auch des dazugehörigen Grundstücks gewesen waren, nach Dobsonville umzuziehen, einem Vorort von Soweto. Dort mußten wir uns in ein Haus mit zwei Schlafzimmern zwängen. Von nun an hatte die Polizei zu jeder Tages- und Nachtzeit und unter jeglichem Vorwand Zugang zu unserem Haus. Die Armee konnte innerhalb kürzester Zeit alarmiert werden, um die vier großen Ausfallstraßen von Soweto abzusperren. Das gab ihnen die Möglichkeit, mehr als zwei Millionen Menschen meines Volkes einzuschließen. Wasser und Elektrizität konnten abgesperrt und die Lieferung von Nahrung in das Township gestoppt werden, und zwar alles in einem Zeitraum von weniger als einer Stunde.

Ein noch schlimmerer Aspekt des Gesetzes über getrennte Wohngebiete erlaubte es kleinen Beamten, alles zu kontrollieren, was die Menschen in der KZ-ähnlichen Atmosphäre von Townships wie Soweto taten. Aufgrund der Gesetze gegen illegale Ansiedlungen zum Beispiel mußte jeder Haushalt einen Genehmigungsschein besitzen, auf dem genau aufgeführt war, wer in dem Haushalt lebte. Neue Genehmigungsscheine bekamen nur direkte Familienmitglieder. Jede nicht auf dem Schein aufgeführte Person, die die Polizei in unserem Haus gefunden hätte, wäre automatisch wegen unbefugten Betretens verhaftet worden. Diese

Razzien wurden wahllos durchgeführt. Sie wurden zu einem Mittel, um die Leute zu quälen, die die örtlichen Beamten für Agitatoren hielten. Dieses Gesetz betraf meine Familie direkt. Als Lehrer wurde von meinem Vater erwartet, daß er andere Familienmitglieder, die es nicht so gut hatten wie wir und in den meisten Fällen sogar völlig verarmt waren, bei uns aufnahm. Das war dann automatisch ein Verstoß gegen das Gesetz. Einmal lebte eine Tante so lange bei uns, bis sie verheiratet war. Jedes nächtliche Klopfen an der Haustür löste damals große Angst bei uns aus.

In den späten fünfziger Jahren zwang die Regierung dann auch die afrikanischen Frauen, dieselbe Sorte Pässe zu beantragen und bei sich zu tragen, wie die schwarzen Männer es bereits mußten. Der ANC organisierte überall im Land große Demonstrationen, und unter Führungspersönlichkeiten wie Albert Luthuli gab es Aktionen, bei denen Männer und Frauen ihre Pässe öffentlich verbrannten. Eine der Demonstrationen gegen diese Unmenschlichkeit war der historische Marsch von 20.000 Frauen nach Pretoria.

Am verwundbarsten sind in Südafrika die Frauen vom Land, weil sie nicht auf Organisationen zurückgreifen können, wie es sie in den Townships gibt. Aber selbst dort trat der Widerstand offen zutage. Nach und nach brach die schonungslose Anwendung der Gesetze jedoch ihre Entschlossenheit. Ihnen folgten die Frauen in den kleinen Städten. Und schließlich gaben auch die Frauen in den gerade erst entstandenen Townships auf.

1960 erreichte die Verweigerungs-Kampagne ihren Höhepunkt. Die vom ANC, vom Panafrikanischen Kongreß (PAC – eine Organisation, die eine rein schwarze Gesellschaft anstrebte) und von „Afrika für afrikanische Eingeborene" gestarteten Kampagnen führten zu einem Gewaltausbruch in Sharpeville, einer Stadt in der Transvaal-Region. Am 21. März eröffnete die Polizei das Feuer auf die Demonstranten. Dabei wurden 69 Menschen getötet und 178 verwundet. Von da an war der Kampf zwischen Schwarzen und Weißen gekennzeichnet von Terrorismus auf der einen und brutaler Gewalt auf der anderen Seite. Die Folge war die Ausrufung des ersten Ausnahmezustands durch die Regierung.

Das gab den Kabinettsministern der Apartheidsregierung beängstigende Macht. Die Anwendung dieses Ausnahmezustands führte zum Verbot des ANC und des PAC und setzte historisch eine Kette von Ereignissen in Gang, die den Afrikaander seitdem zum Gefangenen seines eigenen Dogmas werden ließ.

Das Verbot der zwei Organisationen der Schwarzen war für viele der Beweis, daß die weiße Regierung nicht daran interessiert war, mit vernünftigen Leuten zu verhandeln; die Sache der politischen Rechte der Schwarzen würde auf dem Schlachtfeld entschieden werden. Die direkte Folge war, daß sowohl der ANC als auch der PAC in den Untergrund gingen und ihre Führer flüchteten. Beide Gruppen richteten militärische Abteilungen ein und begannen, ihre Leute an geheimen Basen zu Guerillakämpfern auszubilden. Sie führten erfolgreich Sabotageakte durch, wie zum Beispiel die Sprengung von Kraftwerken, Postämtern und Eisenbahnknotenpunkten oder auch die Durchtrennung von Telefonleitungen. Viele Schwarze verschwanden, und es gab Tausende, die diesem sinnlos erscheinenden Kampf den Rücken kehrten. Dutzende schwarzer Führer wurden verhaftet und noch mehr flohen ins Exil.

Meine Familie, zwangsweise nach Soweto umgesiedelt, befand sich in einem Zwiespalt. Abgesehen von all den ideologischen Entwicklungen waren die schwarzen Townships zu Orten geworden, die – mit ihren Banden, ihrem Elend und ihrer Verzweiflung – in starkem Kontrast standen zu der Ruhe in den Dörfern. Wir konnten also entweder in Soweto bleiben, unser Leben riskieren und uns all den ideologischen Entwicklungen unter den Schwarzen stellen, die von uns ein starkes Engagement und größeres Leiden fordern würden, als wir eigentlich zu geben fähig waren; oder wir konnten in das nächste Dorf auswandern. Wir entschieden uns für einen Kompromiß: Wir blieben in Soweto, zum Unterrichten fuhr mein Vater in das nächste Dorf. Gleichzeitig hielt er Ausschau nach einem dauerhaften Heim für uns alle – ein schwieriges Unterfangen für eine dreizehnköpfige Familie.

Es folgte ein Jahrzehnt angsterfüllter Ruhe. Die politischen Aktivitäten der schwarzen Südafrikaner kamen zum Stillstand. Es schien, als wollten die Menschen das Massaker von Sharpeville und die lebenslange Haftstrafe vergessen, die über Nelson Mandela und andere Führer des ANC und PAC verhängt worden war.

In den frühen siebziger Jahren tauchte das afrikanische Denken der frühen fünfziger Jahre in veränderter Form in der „Bewegung des Schwarzen Bewußtseins" wieder auf. An ihrer Spitze standen diesmal aggressive und höchst motivierte schwarze Studenten. Ihre Reden ließen die Leidenschaft wieder aufflammen, mit der man sich nach Freiheit sehnte und wieder neu erkannte, daß der schwarze Mann und die schwarze Frau das Recht hatten, ihr Schicksal selbst zu bestimmen.

Die schwarzen Universitäten wurden zu Aktionszentren für neue Denker und Führer. Einer dieser neuen Führer war Steven Biko. Mit seinen Reden und Schriften entwickelte er einen völlig neuen Ansatz. 1968 gründeten er und eine Gruppe schwarzer Studenten die Südafrikanische Studentenorganisation (SASO), die den Stolz und die Unabhängigkeit der schwarzen Völker unterstrich. Organisationen wie der COSAS (Kongreß Südafrikanischer Studenten) und später die AZAPO (Organisation Azanischer Völker) schossen aus dem Boden und beeinflußten eine ganze Generation junger Schwarzer.

Biko starb 1977 durch die Hand der Geheimpolizei. Sein Tod stellte viele Menschen vor die persönliche Entscheidung über ihren Einsatz im Kampf um die Befreiung. Das weiße Sicherheitssystem hatte sich als unfähig erwiesen, auf vernünftige Leute zu hören. Die Entscheidung für den bewaffneten Kampf schien für viele die einzige logische Konsequenz zu sein.

5
Der Gott des weißen Mannes

Alles, was ich von Gott wußte, kam von einer Kirche, die von den Weißen kontrolliert wurde.

Der Gott des weißen Mannes kam zu uns, weil mein Vater in der Anglikanischen Kirche mitarbeitete. Er war Leiter der Sonntagsschule gewesen, aber seine Mitarbeit geschah mehr aus Gründen der Anpassung an soziale Konventionen als aus einem tiefen Glauben an das, was die Kirche lehrte. Mit der Verabschiedung des Bantu-Erziehungsgesetzes endete selbst diese Mitarbeit. Die Anglikanische Kirche versäumte es, sich gegen diese diskriminierende Gesetzgebung auszusprechen, und mein Vater fragte sich zwangsläufig, wie er dieser Kirche noch angehören konnte.

Er hatte, nachdem das Gesetz das Parlament passiert hatte, auf den Protest der englischen Kirche und seiner Gemeinde gewartet, begierig die ganze Zeitung danach abgesucht und Radio gehört. Aber keine einzige englische Stimme erhob Protest. Die englischsprechende Gemeinde und die Kirche, der er so lange treu gedient hatte, hatten ihn betrogen.

An diesem Tag – es war ein bitterkalter Wintertag – wandte er sich von allen religiösen Organisationen ab. Mehr als zwanzig Jahre lang setzte er seinen Fuß nicht wieder in eine Kirche, so lange, bis er in einem viel tieferen Sinn gläubig wurde.

Ich identifizierte mich mit den Gefühlen meines Vaters, aber meine eigene Enttäuschung über die Kirche lag schon viel weiter zurück. Bei mir als Teenager lösten die Rituale, Gebete und Predigten nicht die geringsten emotionalen Impulse oder religiösen Reaktionen aus. Für mich war die Kirche ein unnötiges soziales Anhängsel.

Unsere Familie erfüllte auch weiterhin ihre kirchlichen Pflichten, indem sie gelegentlich an Weihnachten und Ostern in den Gottesdienst ging. Das war jedoch lediglich ein Mittel, um den von der Regierung geforderten Residenznachweis zu erbringen. Weil wir in einem Township lebten, mußten wir ständig Nachweise dafür bei uns tragen, wer wir waren, wo wir geboren waren und was für Schulen wir besuchten. Eine Tauf- oder Konfirmationsurkunde war ein von der Regierung anerkannter Beweis. Es war also aus persönlichen und politischen Gründen klug, wenn man als Schwarzer in irgendeiner Verbindung zur Kirche stand. Solche Verbindung hatte jedoch nichts zu tun mit einem lebendigen Glauben.

Die Kirche hatte uns die Bibel nach Afrika gebracht, aber nun wurden die Kirche und ihre Bibel dazu benutzt, die Politik der Apartheid zu rechtfertigen und zu stützen. Die Kirche war zu den Schwarzen in Südafrika gekommen und hatte ihnen die gute Nachricht und den Frieden der Bibel verkündet, aber wann immer die Schwarzen unruhig wurden, wurde die Bibel zum Knüppel, um sie zu Unterwerfung und Gehorsam den Weißen gegenüber zu zwingen.

Das dreizehnte Kapitel des Römerbriefes mußte immer wieder dazu herhalten, Gedanken des zivilen Ungehorsams auszurotten.

Paulus schreibt: „Jedermann sei untertan der Obrigkeit, die Gewalt über ihn hat. Denn es ist keine Obrigkeit außer von Gott; wo aber Obrigkeit ist, die ist von Gott angeordnet. Wer sich nun der Obrigkeit widersetzt, der widerstrebt der Anordnung Gottes; die ihr aber widerstreben, ziehen sich selbst das Urteil zu" (Röm. 13,1+2).

Wenn wir uns nicht unterwarfen oder Zeichen der Rebellion erkennen ließen, benutzten die Pfarrer der Niederländisch-Reformierten Kirche diese Verse, um die brutale Unterdrückung und die Vergeltungsaktionen der Regierung zu rechtfertigen. Dieselben Pfarrer nannten schwarze Führer der Widerstandsbewegung „unchristlich", weil sie sich weigerten, die Ungerechtigkeiten von seiten der regierenden Mächte einfach hinzunehmen. Sie verlangten von uns zu glauben, daß Unterwerfung blinder Gehorsam gegenüber dem Staat hieß, egal wie teuflisch und unmoralisch die Politik des Staates war. Es kam ihnen nie in den Sinn, daß Gott auch vom Staat Gerechtigkeit forderte – und nicht nur Gerechtigkeit für Weiße. Genausowenig beachteten sie, daß die Bibel uns das Recht gibt, gegen die Ungerechtigkeit zu sein. Sich „unterwerfen" ist nicht gleich blindem Gehorsam, wie uns die Weißen glauben machen wollten. Weil es in ihr Konzept paßte, ignorierte sie auch den ausdrücklichen Befehl, daß der Herrscher „Gottes Diener für das Gute" ist. Was aber geschieht, wenn diese Regel für die Mehrheit der Menschen nicht länger gilt?

Leider predigten die schwarzen Geistlichen dieselbe verdrehte Botschaft. Sie versuchten uns zu beschwichtigen, indem sie uns beruhigend von Gottes Liebe erzählten; gleichzeitig aber verurteilten sie die legitimen Wünsche unseres Volkes. Jahrelang erreichte die Kirche ihr Ziel; Schwarze unterwarfen sich und paßten sich dem Status quo an.

In der Schule wurde uns ein Gottesbild vermittelt, das in keiner Weise besser war. Wie meine Mitschüler mußte ich Woche für Woche langweiligen Religionsunterricht ertragen, nur weil er in den weiterführenden Schulen Pflichtfach war. Religionsunterricht wurde als Möglichkeit betrachtet, uns gefügig und zu guten, angepaßten Staatsbürgern zu machen – wobei es uns ironischerweise gar nicht erlaubt war, richtige Bürger zu sein: Wir hatten kein Wahlrecht, wir konnten nicht reisen und durften keinen Reisepaß besitzen. Wir waren Fremde im eigenen Land. Die Religionsstunden hatten nichts mit unserem täglichen Leben zu tun.

Das Beharren der Regierung darauf, daß wir in der Schule die Bibel zu lesen hatten, erwies sich schließlich als ein Schuß, der nach hinten losging. Genau in den Bibelstunden nämlich begannen wir, die alttestamentlichen Propheten zu lesen. Zum Beispiel Amos, der die Israeliten verurteilte, weil sie ungerecht waren und die Armen und Bedürftigen unterdrückten. Und wir entdeckten, daß Gott diese Ungerechtigkeit bestrafte, indem er zuließ, daß die Israeliten besiegt und ins Exil gebracht wurden. Wo ist der Unterschied, so fragte ich mich, zwischen der Ungerechtigkeit und Unterdrückung der Israeliten und dem, was die Regierung der Afrikaander den Schwarzen in den Homelands und in den städtischen Gebieten in Südafrika antut?

Je mehr ich über diese Bibelstellen nachdachte, desto überzeugter wurde ich, daß das Apartheidssystem der Regierung gottlos war.

Was mich am meisten ärgerte, war, daß die Regierung und die Kirchen die Bibel zur Rechtfertigung ihres dämonischen Systems mißbrauchten. Die schwarze Bevölkerung sollte davon überzeugt werden, daß die Apartheidspolitik auf christlichen Prinzipien basierte, und das saß wie ein Stachel in meinem Fleisch. Es war eine Lüge, aber diese Lüge hielt sich so hartnäckig, daß sie nach einer Weile von den meisten Weißen und sogar von vielen Schwarzen geglaubt wurde.

Ich erinnere mich, daß wir eines Tages Besuch bekamen von zwei wohlmeinenden weißen Missionaren der Niederländisch-Reformierten Kirche, die mit meinem Vater über den „ihm zugewiesenen" Platz in der getrennten Gesellschaft, die sie geschaffen hatten, sprechen und ihm erklären wollten, warum er nur ein zweitklassiger Bürger war. Mein Vater führte sie freundlich in das Eßzimmer und schloß die Tür. Niemand aus der Familie durfte dem Gespräch beiwohnen. Er ließ die Missionare sagen, was sie zu sagen hatten, dann gingen sie wieder. Es war nichts zu hören gewesen durch die geschlossene Tür.

Mein Vater hatte uns Kinder von der Diskussion ausgeschlossen, weil er wußte, daß wir die Besucher durch aggressive Reden über Gleichheit und Rassendiskriminierung in Verlegenheit bringen würden. Bis zu seinem Lebensende war mein Vater ein Gentleman.

Tief im Herzen glaubt der Afrikaander, daß die Apartheid – die Trennung der Rassen – biblisch begründet ist. Verschiedene alttestamentliche Passagen wurden immer wieder dazu benutzt, die Apartheid zu rechtfertigen. So wird die Überzeugung, daß Schwarze minderwertig sind und deshalb von den Weißen getrennt gehalten werden müssen, mit der Geschichte im Alten Testament begründet, in der Noah seinen Sohn und dessen Nachkommen (die Kanaaniter) verflucht: „Verflucht sei Kanaan und sei seinen Brüdern ein Knecht aller Knechte!" (1. Mose 9,25). Die Afrikaander sagen, wir, die Schwarzen, seien Nachkommen Kanaans; darum sei uns der Fluch der Sklaverei und Unterdrückung durch Vererbung auferlegt. Eine verdrehte Interpretation und ein himmelschreiender Mißbrauch der Schrift für politische Zwecke.

Um ihre Position bekanntzumachen, gaben die Niederländisch-Reformierten Kirchen in den fünfziger Jahren Unmengen von Literatur heraus, in der die Apartheid theologisch begründet wurde. Unterstützt wurde dies vom Südafrikanischen Büro für Rassenangelegenheiten (SABRA), eine Vordenker-Behörde für Rassenpolitik. So kam es zu großen Schwierigkeiten, als die wichtigste der Niederländisch-Reformierten Kirchen (NGK) 1986 erklärte, daß diese Deutung bezüglich der Apartheid Häresie sei. Auch früher schon hatte man sich zu ähnlichen Äußerungen vorgewagt. 1960 hatte die NGK erklärt, daß „niemand, der an Jesus Christus glaubt, wegen seiner Hautfarbe oder Rasse aus irgendeiner Kirche ausgeschlossen werden dürfe". Premierminister Hendrik Verwoerd reagierte so verärgert, daß die Leitung der Kirche einen Rückzieher machte. Aber der Stein war ins Rollen gebracht, und in Ottawa, Kanada, entstand die Weltweite Allianz Reformierter Kirchen, die die Apartheid eine „teuflische" und „pseudoreligiöse Ideologie" nannte. 1986 erklärte die NGK, daß die Apartheid ein für alle Mal als „Häresie" zu bezeichnen sei – ein schwerer Schlag für die südafrikanische Regierung.

Die Stimmung gegen die Apartheid erreichte ihren Höhepunkt, als Dr. Beyers Naudé, Sohn von Dr. Joshua Naudé, einem bekannten und engagierten Nationalisten der Afrikaander, mit den Überzeugungen seines Vaters brach und einen langen Kampf gegen die Apartheid begann. Seine Aktionen führten schließlich zu seinem Austritt aus der Niederländisch-Reformierten Kirche und zur Gründung des Christlichen Instituts, das als Antwort auf den Konflikt zwischen Kirche und Regierung zu verstehen war.

Auch andere Stimmen wurden laut in Südafrika. Unter ihnen war Erzbischof Desmond Tutu. Er wurde zunächst bekannt als Anglikaner, später dann als Sprecher für die zum Schweigen gebrachte Führungsgruppe der Massendemokratischen Bewegung (MDM), einer übergeordneten Bewegung, in der weiße afrikanische Dissidenten sich zu einer großen Opposition zusammenschlossen. Zugleich begann aber auch der Druck von außen zu wachsen, zunächst von religiösen Gruppen wie dem Weltrat der Kirchen, dann von den Vereinten Nationen. Plötzlich war auch die Stimme der Kirchen in Südafrika zu hören, und die der Anglikanischen Kirche war eine der lautesten.

Ein alter Witz der Schwarzen sagt, daß weiße, englischsprechende südafrikanische Christen zwei Dinge hassen. Das erste ist die Apartheid, das zweite sind die Schwarzen. Die von Natur aus fairen Briten hassen die Apartheid theoretisch und äußern diesen Haß lauthals. Aber sie sind nicht darauf erpicht, auf die Vorteile und Privilegien zu verzichten, die sie durch das System haben. Die Apartheid gibt ihnen das Recht, ihre Schulen, Krankenhäuser und Universitäten für Weiße zu reservieren, und sie erlaubt ihnen, die Schwarzen genauso zu diskriminieren, wie es die Afrikaander tun, die die Apartheid offen unterstützen.

Auch Kirchen sind nicht immun gegen die einlullende Wirkung des Status quo. Jahrelang hatten prominente Kirchen in Südafrika sowohl Weiße als auch Schwarze auf ihren Mitgliederlisten. Die Mitgliedschaft in den einzelnen Kirchengemeinden hing jedoch von der Rassenzugehörigkeit ab. Es gab „schwarze Gemeinden" und „weiße Gemeinden", und diese Rassengrenzen wurden fast nie überschritten. Die schwarzen Priester und Pfarrer, die in den schwarzen Gemeinden arbeiteten, zeigten nur selten Interesse an politischen Themen oder sozialem Engagement.

Die missionarischen Kirchen unterschieden sich kaum von ihnen. Sie waren hauptsächlich pietistisch geprägt, auf das Jenseits ausgerichtet und völlig ohne Bezug zur Situation der Schwarzen. Die aus diesen Gemeinden kommenden schwarzen Pfarrer wurden meistens von weißen, westlichen Missionsgesellschaften bezahlt und gaben auch gehorsam deren Theologie weiter. Den Schwarzen wurde keine Hoffnung darauf vermittelt, daß sie eines Tages ihre Ghettos werden verlassen können, geschweige denn, daß Gott ein Interesse an ihrer Freiheit und

Menschenwürde haben könnte. Diese Kirchen wurden bekannt durch ihre Zeltevangelisationen. Das Singen und Tanzen dort war zwar seiner Form nach afrikanisch, aber ansonsten wurde wenig über die Themen nachgedacht, die das Leben der Schwarzen in Südafrika bestimmten. In den Predigten wurde leidenschaftlich vom persönlichen Heil geredet, Gottes Interesse an der Notlage der Armen und Unterdrückten wurde jedoch nicht einmal erwähnt. Christsein wurde angepriesen als Versicherungspolice für das Leben nach dem Tod; das Leben hier auf der Erde wurde nicht in Zusammenhang gebracht mit der Botschaft von der Erlösung. Die schwarzen Pfarrer lehrten und wurden gelehrt, daß es seine Richtigkeit hat, jetzt und hier zu leiden, weil man sich auf Straßen aus Gold im Himmel freuen konnte. Derweil konnten die Weißen ihr Gold schon hier und jetzt haben – und vermutlich auch im Jenseits. Schwarze Evangelisten waren blind für das Leiden ihrer Brüder.

Mein Vater hatte starke Vorbehalte gegenüber den großen Kirchen, aber die missionarischen Kirchen verachtete er regelrecht. Er sah in ihnen nichts anderes als ein Werkzeug in den Händen der Neokolonialisten. Er hielt meinen Bruder und mich von jeglichem Kontakt mit diesen Kirchen ab. Diese Einstellung prägte sich tief in mein junges Gemüt ein. Für meinen Vater war das Hauptthema in Südafrika die Apartheid: Dieses Problem zu lösen würde heißen, auch für alle anderen eine Lösung zu haben. Jede Religion, die dieses zentrale Problem nicht zu ihrem Thema machte, war Zeitverschwendung.

Als die englische Kirche zur Apartheid schwieg, trat mein Vater aus. Mein Bruder und ich folgten seinem Beispiel. Wir verließen die Kirche mit dem Vorsatz, nie wieder zurückzukehren.

6
Eine Zeit der Hoffnung

Die Monate, die auf meinen Unfall am Heiligen Abend und den Verlust meines Beines folgten, waren voll von Gefühlen der Wut und der Rache. Ich kam nicht davon los, daß man mir Gerechtigkeit schuldig geblieben war, und von diesem Gefühl getrieben, wollte ich meinen Zorn in die Tat umsetzen. Der Tag, an dem mein Bruder George und ich das Haus des Mannes anzünden wollten, der mich fast umgebracht hatte, stand bereits fest. Aber alles sollte völlig anders kommen, mein Leben sollte einen völlig anderen Verlauf nehmen – eine so grundlegende Richtungsänderung, wie ich sie weder geplant hatte noch hätte ahnen können, kündigte sich an.

Es begann, nachdem ich angefangen hatte, wieder zur Schule zu gehen. Immer noch lief ich mit Krücken herum, und immer noch war ich wütend und hatte Angst davor, wie meine Mitschüler auf meine Behinderung reagieren würden. Ich bezweifelte meine Fähigkeit, mit der Situation umgehen zu können, aber ich wollte es wenigstens versuchen.

Gleich in den ersten Wochen begegnete ich einem sehr offenen jungen Mann mit sehr entschiedenen Ansichten über das Leben. Sein Name war Diamond Atong.

Diamond war überzeugter Christ, aber er war nicht einfach noch ein weiteres Großmaul auf dem Campus, er war nicht einer von diesen „Ich bin heiliger als du"-Christen, wie es so viele gab unter unseren Zeitgenossen.

Seine Worte paßten zu seinen Taten. Ich erfuhr, daß er „der Papst" genannt wurde, weil er immer ein Neues Testament bei sich trug, aus dem er zur Bestätigung seiner Behauptungen zu Lebensfragen vorzulesen pflegte. Der Spitzname paßte gut zu ihm. Mit meistens guten Argumenten legte er dar, daß das, was in der Bibel stand, wahr sei und gute Antworten geben könne auf die Fragen unseres täglichen Lebens.

Diamond war eines der herausragenden Mitglieder in einer Debattiergruppe unserer Schule. Er war ein intelligenter junger Mann mit klarem Kopf, der die meisten Debatten für sich gewann und unter den Klassenbesten war. Ich fand es merkwürdig, daß er als Christ vom intellektuellen Niveau her weit über dem Durchschnitt lag, aber er sah keinerlei Widerspruch zwischen der Bibel und wissenschaftlichem Lernen. So sehr ich es auch wollte, ich konnte ihn nicht einfach ignorieren.

Wir waren in unterschiedlichen Debattiergruppen und mußten uns daher bei der Diskussion wichtiger Themen häufig als Gegner gegenübertreten – besonders auf dem Gebiet der Religion.

Er brachte mich oft aus dem Gleichgewicht, weil er zu fast allen angesprochenen Themen immer eine biblische Antwort zu haben schien. Könnte die Bibel auch eine Antwort darauf haben, warum ich von einem weißen Mann fast umgebracht worden war? Wenn ja, würde ich sie akzeptieren können? Gab es eine Antwort auf das Problem des Bösen in der Welt; auf die Unterdrückung; auf mein ganz persönliches Leiden? Würde ich immer mit diesem brennenden Haß in meinem Herzen leben müssen – selbst wenn es mir gelingen würde, den Fahrer des Wagens umzubringen? Ich hatte keine Antworten auf diese Fragen. Ich wußte nur, daß ich langsam an meiner eigenen ablehnenden Haltung der Bibel gegenüber zu zweifeln begann.

Ich hatte meine Gründe für diese Haltung dem Christentum gegenüber, Gründe, denen – so dachte ich – Diamond nie hatte ins Auge sehen müssen. Ich irrte. Diamond hatte viel mehr Grund als ich, gegen Gott und den Glauben zu sein. Er war von seinem Vater verlassen worden; seine Mutter mußte als Sklavin auf dem Land eines grausamen weißen Farmers arbeiten. Durch die Armut, in der sie lebten, hatte er Tuberkulose bekommen, die ihn zwang, nach Soweto zu ziehen. Dort lebte er mit seinem älteren Bruder und fünfzehn weiteren Familienmitgliedern in einer Hütte mit zwei Zimmern. Je mehr ich über sein Leben erfuhr, desto mehr erstaunte mich Diamonds Glaube.

Mein Vater verachtete die Kirche, weil er keinen Unterschied sah zwischen denen, die dort hingingen, und denen, die nicht hingingen. Die Menschen, mit denen er am Sonntagmorgen Gottesdienst gefeiert hatte, würden sich am Montag wie losgelassene Teufel benehmen. Die Tatsache, daß sie am Sonntag die Bibel lasen und beteten, hatte keinerlei Einfluß auf ihr Benehmen während der restlichen Woche.

Aber Diamond war eine andere Art Christ. Er war der gleiche – egal, an welchem Tag der Woche man ihm begegnete, und egal, mit wem er zusammen war. Er lud mich zu mehreren Veranstaltungen mit verschiedenen Rednern ein, die über religiöse Themen sprachen. Bei einer dieser Gelegenheiten wurde das Thema Auferstehung behandelt.

Dieses Thema interessierte mich besonders, da ja ein Teil meines Körpers nicht mehr existierte.

Der Gedanke eines völlig neuen und wiederhergestellten Leibes faszinierte mich und ließ mich gleichzeitig skeptisch werden.

Ich hatte zwar schon oft die Geschichte von der Auferstehung Jesu gehört, aber der Gedanke, daß jemand sterben und wieder auferstehen könnte, verwirrte mich. Einerseits war die Auferstehung Jesu Grund zu großer Hoffnung, andererseits war sie das schwächste Glied im christlichen Glauben.

Für mich als Biologiestudent war es ganz natürlich, daß Fleisch und Blut der Verwesung anheimfallen würden. Nur mit einem tiefen Glauben war es möglich zu denken, daß zersetzte Körper plötzlich ihre physische Gestalt wiedergewinnen könnten. Wie konnte ein Toter aus dem Grab auferstehen? Ich konnte wohl an die Unsterblichkeit der Seele glauben, aber daß eine verfallene Masse von Knochen eines Tages wiederhergestellt werden sollte, machte weder Sinn, noch paßte es zu meiner Weltsicht.

Aber trotz aller Ablehnung, die ich der Auferstehung der Toten gegenüber empfand – ich begann, meinen eigenen Unglauben anzuzweifeln. Ich konnte nicht aufhören, darüber nachzudenken, was sie für Folgen für mein eigenes Leben haben könnte.

Eines Tages kam Nathaniel Nkosi von einer Organisation mit dem Namen „Youth Alive" an unsere Highschool, um einen Vortrag zu halten. Die Nachricht, daß er kommen sollte, verbreitete sich schnell auf dem ganzen Campus. Er sollte über die Auferstehung von den Toten reden. Zu dem Zeitpunkt war mir das Thema schon einigermaßen vertraut, und ich entschloß mich hinzugehen.

Am Tag der Veranstaltung hatte ich mich früh auf den Weg gemacht und in den hinteren Teil des Saales gestellt. Meine Absicht war, den Redner lächerlich zu machen. Ich wollte ihn mit meiner Rede über die „Widersprüche in der Bibel", die ich schon oft zum Besten gegeben hatte, aus dem Gleichgewicht bringen. Ich hatte meinen Freunden Bescheid gesagt, und sie freuten sich schon darauf, daß ich diesen Mann verbal an die Wand spielen würde.

Als Nkosi aufstand und ans Rednerpult trat, geschah irgend etwas in mir. Ich saß da und hörte einfach nur zu. Die Aufrichtigkeit dieses Mannes hatte mich auf eigenartige Weise von meinem Vorhaben abgebracht, und damit hatte ich nicht gerechnet. Dieser Mann hatte keine großartige Ausbildung bekommen, und trotzdem sprach er mit so viel entschiedener Überzeugung und Einfachheit von der Auferstehung Jesu Christi von den Toten und unserer eigenen Auferstehung, daß ich das nicht einfach übergehen konnte. Ohne es zu wollen, mußte ich schweigen. Als Nkosi geendet hatte, forderte er die Zuhörer auf, Fragen zu stellen. Sofort sahen meine Freunde erwartungsvoll in meine Richtung: Der Zeitpunkt meines Auftritts war gekommen. Sie wollten ihren Spaß daran haben, wenn ich den Redner in die Mangel nahm. Aber ich blieb still. Ich konnte nichts sagen. Mein Mund war trocken, und ich wußte, daß meine Antworten hohl klingen würden bei dem Versuch, ihm zu widersprechen. Schweigend verließ ich die Versammlung; meine Freunde sahen mir völlig verwirrt nach.

Einige Wochen später lud Diamond mich zu einem Youth-Alive-Treffen ein. Bevor wir hingingen, versuchte er mir zu erklären, was es mit dieser Organisation auf sich hatte. Aber er hätte mir erklären können, soviel er wollte, auf diese erste Begegnung war ich nicht vorbereitet. Dieses Treffen hätte mich zunächst fast davon abgebracht, dem Christentum noch irgendeinen ernsthaften Gedanken zu widmen.

Es begann mit einem freien Gebet. Dann kam ein weißes Ehepaar, das sich bei diesen jungen Schwarzen völlig zu Hause zu fühlen schien.

Gebete zusammen mit Weißen in einem Raum beschworen viele negative Bilder von dem Gott des weißen Mannes in mir herauf.

Bei den wenigen Malen, die ich in die Kirche gegangen war, waren die Gebete vorgelesen und nicht frei gesprochen worden. Immer wenn ich zum Lesen aufgefordert worden war, hatte ich einen steifen und formalen Ton angeschlagen und mich dann wieder gesetzt. Bei Youth Alive wurde ganz anders gebetet. Man stand einfach auf, egal wo man saß, und begann zu beten, so als ob man eine besondere Beziehung zu Gott hätte und auf seine Antwort wartete. Im stillen dachte ich, daß dies entweder ganz besonders verrückt war, oder aber daß hier etwas ganz Ungewöhnliches vor sich ging, das vielleicht sogar die Wahrheit war. Was immer es sein mochte, ich würde nicht lockerlassen, bis ich es herausgefunden hätte.

Aber – da vorne saßen diese beiden Weißen.

Obwohl sie so natürlich und aufrichtig waren, konnte ich sie kaum ertragen. Ihre Anwesenheit irritierte mich zutiefst, und ich überlegte bereits, unter welchem Vorwand ich gehen könnte. Aber ich konnte nicht. Ich blieb wie angenagelt auf meinem Stuhl sitzen.

Da stand Diamond unvermittelt auf und stellte mich der Gruppe vor. Kurz darauf teilten wir uns in Kleingruppen auf. Die jungen Leute in meiner Gruppe begegneten mir mit einer ungeheuren Offenheit. Zu meiner eigenen Überraschung war ich so entspannt, daß ich über meine Zweifel bezüglich der Auferstehung, über meine Erfahrungen mit Weißen und über den Unfall, bei dem ich fast umgekommen wäre, reden konnte. Sie hörten zu und schienen meine Ängste und Gefühle zu verstehen.

Es war das erste Mal, daß ich an einem religiösen Treffen teilnahm, das weder eine vom Lehrplan festgelegte Religionsstunde war noch in der Kirche stattfand. Diese jungen Leute schienen zu wissen, worüber sie redeten, und sie schienen mit einer leidenschaftlichen Intensität, wie ich sie nie zuvor erlebt hatte, daran zu glauben.

Ich verließ Youth Alive an diesem Abend mit gemischten Gefühlen, aber ich war entschlossen, der Organisation – einschließlich dem weißen Ehepaar – noch eine Chance zu geben.

Als Konsequenz meiner ersten Erfahrung mit Youth Alive begann ich, regelmäßig an den Treffen teilzunehmen. Dabei fragte ich mich immer wieder: Ist es ihre Liebe, die mich beeinflußt, oder ist es etwas Höheres, das mich dort hinzieht? Glücklicherweise gab man mir die Möglichkeit, über das Gehörte nachzudenken und es zu hinterfragen. Ein Vers aus dem Buch der Sprüche im Alten Testament löste große Betroffenheit in mir aus: „Manchem scheint ein Weg recht; aber zuletzt bringt er ihn zum Tode" (Spr. 16,25). Sprach der Vers von mir und meinem Widerstand gegen Gott? Würde mein Weg nur zum Tod führen?

Ich merkte, daß ich die Antwort einem anderen gab, jemandem, der höher war als ich. Ich wußte, daß etwas fehlte in meinem Leben, aber das stand nicht mehr im Zusammenhang damit, daß ich ein Krüppel war, oder etwa mit meinem Unfall. Ich begann, ernsthaft über Gott nachzudenken, wer er war, für was er stand und was für Auswirkungen es auf mein Leben haben würde, wenn ich wirklich anfinge, an ihn zu glauben. Die Gefühle, die mich so lange beherrscht hatten, waren Haß und Rache, sie waren zweckdienlich gewesen und hatten mich motiviert. Der Haß gegenüber dem weißen Mann hatte mein Selbstbild und meine Selbstachtung geformt. Jetzt wurde ich dazu aufgefordert, meinen Feind zu lieben. Und das hieß nicht nur die beiden Weißen, die ich bei Youth Alive kennengelernt hatte, sondern auch den weißen Mann, der mich überfahren hatte – ja, alle Weißen.

Ich rang schwer mit der Frage, wie ich das biblische Gebot der Feindesliebe glauben und in die Tat umsetzen konnte nach all dem Leid, das Weiße mir angetan hatten. Ich hatte allen Grund, sie zu hassen und zu fürchten, und eigentlich wollte ich ihren Untergang. Und nun sollte ich sie lieben, entgegen allem, was mein Instinkt mir sagte. Ich fragte mich immer wieder: Warum? Was hat der weiße Mann jemals für mich getan? Warum sollte ich den lieben, der mich unterdrückt?

Je mehr ich darüber nachdachte, so schien es, desto weniger konnte ich meinen Racheplan in die Tat umsetzen. Daß ich zu Youth Alive ging, rettete mich nicht nur davor, das Eigentum und vielleicht sogar das Leben eines Mannes und seiner Familie zu zerstören, es rettete mich auch vor dem Schicksal, das schließlich meinen Bruder George ereilte. Ich glaube nicht, daß ich heute ein freier Mann wäre, wenn ich damals meinen Plan ausgeführt hätte.

Zurückblickend meine ich, es war göttliche Vorsehung, die mich während dieses langen Kampfes zwischen Haß und Liebe vor Mord und Zerstörung bewahrte. Mein Leben war dabei, sich zu ändern. Liebe gewann die Oberhand, wo Haß regiert hatte, und ich merkte, daß ich gefangen war von einer Macht, die größer war, als ich es mir jemals hätte vorstellen können, und die außerhalb meiner Kontrolle lag. Langsam, ganz langsam wurde aus mir ein neuer Mensch.

Auch andere Dinge änderten sich bei mir. Ein zufälliges Treffen mit einer Sozialarbeiterin der Behindertenhilfsorganisation West Rand Cripple Care Association auf dem Campus führte dazu, daß ich mein erstes Holzbein bekam.

Wenn die Bibel mein Gottesbild veränderte, dann veränderte das Holzbein mein Bild von mir selbst. Neue Dimensionen taten sich auf für mein Leben, die ich früher nicht für möglich gehalten hätte. Die Leute würden mich nicht mehr anstarren, beschützen wollen oder bemitleiden. Ich bekam meine innere Würde und mein Selbstwertgefühl wieder und dankte der Sozialarbeiterin aus tiefstem Herzen. Sie freute sich ebensosehr wie ich.

Einen Tag brauchte ich, um mit meinem neuen, künstlichen Bein laufen zu lernen. Mein Vater konnte es kaum fassen. Wir beide sahen darin den Beginn eines neuen Lebens, und wir feierten ein richtiges Familienfest zu diesem Anlaß.

Ich warf meine Krücken fort und begann, auf meinen eigenen Beinen zu laufen. Am Anfang passierte es noch, daß ich stolperte und fiel, aber ich rappelte mich wieder auf und lief weiter. Endlich war ich auf dem Weg zu Unabhängigkeit und Ganzheit. Im tiefsten Innern wußte ich, daß ich, was immer in der Zukunft auf mich zukommen würde, in meinem Leben einen wichtigen Schritt vorwärts getan hatte – einen Schritt, der nicht mehr rückgängig zu machen war.

7
Youth Alive

Den endgültigen Schritt meiner Bekehrung tat ich schließlich bei Einkehrtagen mit Youth Alive. Dort begann ich, ernsthaft nach Gott zu fragen: Wer war er und wie würde er mein Leben beeinflussen, wenn ich es ihm übergeben würde? Wie sah es mit meinem Leben aus? Wohin war ich unterwegs? Was wäre gewesen, wenn ich bei dem Unfall 1964 gestorben wäre; was hätte mein Leben auf dieser Erde bis dahin für eine Bedeutung gehabt?

Ich rang auch mit meinem Namen. Mein Vater hatte mich Caesar genannt, nach dem römischen Imperator, und schon als ich ein kleiner Junge war, drückte die Geschichte Caesars aus, was mein Vater sich für mein Leben wünschte. „Mein Junge", so sagte er, „du mußt Ehrgeiz entwickeln im Leben. Du mußt große Dinge tun, die dauerhaft sind, und sie müssen größer sein als deine Fehler." Keiner seiner Söhne sollte nur nach Gleichwertigkeit mit den Weißen streben; wir sollten es weiter bringen als sie.

Damals hatte ich regelrechte Visionen. Ich sah mich eines Tages auf der politischen Bühne stehen und über die wichtigen Themen der Zeit reden. Nun aber, an diesem Punkt in meinem Leben angekommen, dachte ich nur noch über den Satz nach, den der weise Salomo damals in einer anderen Zeit und Kultur gesagt hatte: „Manchem scheint ein Weg recht, aber zuletzt bringt er ihn zum Tode." – Es war ein harter Weg der Selbstfindung.

Ich hielt mich für einen Aktivisten, einen gebildeten Aktivisten, der sich Gehör verschaffen und das politische Gesicht Südafrikas verändern könnte, wenn ihm Gelegenheit dazu geboten würde. Ich meinte, eine politische Gesetzgebung sei der einzige Weg, eine Änderung zu erreichen. Und um eine solche Gesetzgebung einführen zu können, müßten die Schwarzen das „weiße Problem" aus der Welt schaffen. Für Außenstehende kann es schwer sein zu verstehen, was Unterdrückung ist. Wenn man sie nur nach dem geschriebenen Gesetz bewertet, erscheint sie einem nicht so hart. Wenn man sie aber im Alltag erlebt, wenn man die vielen Möglichkeiten sieht, die einem nicht offenstehen, dann sieht die Sache schon anders aus.

Wir Schwarzen waren innerhalb unserer Kommunen auf die Ausübung von fünf oder sechs Berufen beschränkt. Wir konnten Lehrer, Krankenpfleger, Arzt, Sozialarbeiter, Rechtsanwalt oder Pfarrer werden. Wollten wir keinen dieser sechs Berufe ergreifen, blieb uns nichts anderes übrig, als Zwangsarbeiter für die Weißen zu werden. Hier also war mein Leben starren Bedingungen unterworfen, und das beschäftigte mich. Zu was war ich berufen?

In welche Richtung sich mein Denken auch bewegte, überall lauerte das Bantu-Erziehungsgesetz des weißen Mannes, in dem es hieß, daß man einem schwarzen Südafrikaner niemals mehr beibringen darf, als was er in der Gesellschaft tun darf. Das machte alle Zukunftshoffnungen für einen Schwarzen in Südafrika zunichte. Mich traf diese Gesetzgebung besonders hart, denn ich war ein junger Mann, der versuchte, sich seinen Weg nach oben zu bahnen – nach oben in die Gesellschaft und nach oben auf der Leiter in Ausbildung und Beruf. Fragen nagten an mir: War es zu schaffen? Und was wäre, wenn es mir gelingen würde? Wäre ich dann erfüllt und zufrieden?

Angenommen, ich würde Erfüllung finden in einer Karriere meiner Wahl – wäre es eine dauerhafte Erfüllung? Oder würde sie einer Rakete gleichen, die mit großem Getöse in den Himmel geschossen wird, dort kurz aufleuchtet und dann als ein kleiner Streifen ohne Leben am Horizont verschwindet? Diese Fragen beschäftigten mich zutiefst, ich suchte nach dem, was in meinem Leben fehlte.

Ich stand vor einer großen Entscheidung mit Konsequenzen für alle meine Zukunftspläne.

Würde ich mich für Christus entscheiden können, mit allen Konsequenzen, die für mich persönlich daraus erwüchsen; oder würde ich den Weg alleine gehen? Auch wenn damit noch keine Antwort auf andere wichtige Fragen meines Lebens gefunden war – was zum Beispiel würde ich aus meinem Leben machen, wie oder wo würde ich leben? –, so wußte ich doch, daß es keine folgenschwerere und lebensverändernere Entscheidung geben konnte als die, die ich jetzt zu treffen hatte. Von der Antwort würde der Rest meines Lebens abhängen.

Es war ein langer Weg, bis ich an diesem Punkt angelangt war. Ich hatte gekämpft und mich gewehrt. Ich hatte gelernt. Ich hatte mich damit beschäftigt, was es für mich und mein Volk bedeuten würde, von den Weißen befreit zu sein. Ich hatte mich darauf gefreut, meinem Feind auf dem politischen Schlachtfeld gegenüberzustehen; und ich hatte mich gefreut auf ein großes, fruchtbares Leben, in dem ich all die Gelegenheiten ausnützen würde, die mir und meinem Volk bisher verschlossen geblieben waren. Aber ich wußte jetzt, daß das nicht genug war.

Der letzte Tag der Einkehr kam, und mit ihm das letzte Treffen. Zum Abschluß des evangelistischen Gottesdienstes wurden die Anwesenden dazu eingeladen, nach vorne zu kommen und sich zu Christus als Retter und Herrn zu bekennen. Aus irgendeinem Grund fühlte ich mich abgestoßen. Ich haßte es, in Verlegenheit gebracht zu werden, und hier wurde ich nun aufgefordert, mich öffentlich zur Nachfolge Jesu Christi zu bekennen. Ich hatte eine Abneigung gegen das Zurschaustellen von Gefühlen.

Ich sah Leute nach vorne gehen, und alles in mir revoltierte gegen die Aufforderung. Dieser Prediger, so sagte ich mir, will die Leute manipulieren, indem er ihnen von der Schuld erzählt. Auch hatte ich Zweifel an der Integrität von Menschen, die so leicht zu einer Entscheidung gebracht werden konnten, die eigentlich Auswirkungen auf ihr ganzes Leben haben sollte.

Ich stand auf, verließ die bedrückende Atmosphäre der Halle und ging auf die Straße, wo Geschäftigkeit und Verkehr herrschte.

Plötzlich fühlte ich mich völlig allein, so als wäre ich nackt und durchsichtig. Ich meinte, alle Menschen um mich herum könnten meine kleinen Ängste, Zweifel und Probleme sehen, und ich fühlte mich unendlich verwundbar.

Ich humpelte die Straße entlang und hatte das Bedürfnis, mich aufzulösen und zu verschwinden, mich für immer in der Menge zu verlieren. Ich verstand nicht – konnte auch nicht verstehen –, daß Gottes Heiliger Geist mir einen Spiegel vorhielt.

Tausend Gedanken rasten durch mein Hirn, doch plötzlich hielt ich inne. In meinem Kopf klangen die Worte eines Liedes, das ich vor kurzem gehört hatte: „Wenn es dich gibt, Gott, dann gib dich mir." Ich veränderte die Zeilen und sagte zu mir: „Wenn es deine Liebe gibt, dann gib sie mir." Das war der bittere Test: Konnte ich wirklich lernen, die Menschen zu lieben, die ich zutiefst haßte?

Es war unerhört hart für mich, Gottes Liebe zu verstehen angesichts all dessen, was von ihm geschaffene Menschen mir angetan hatten, Menschen, die aus der Bibel gelernt hatten, ihren Nachbarn zu lieben – solange er nicht schwarz war. Das alles machte keinen Sinn in meinen Augen. Und trotzdem – irgend etwas in mir wollte glauben.

In der Stille, fast als Akt der Verzweiflung, übergab ich Gott mein Leben. Ich wußte, daß Jesus Christus der einzige Weg zu Gott war, und ich wußte auch, daß er entweder Herr über alles wäre oder über nichts. Ich hatte mich für das Leben entschieden.

Von jetzt an wollte ich die Bibel ernst nehmen, sie auf alles in meinem Leben anwenden, egal was das für Konsequenzen nach sich ziehen würde. In diesem entscheidenden Moment war mir klar, daß mein Leben nie mehr so sein würde, wie es war. Ich würde nicht länger bestimmt sein von unkontrollierter, leidenschaftlicher Bitterkeit, von Wut und Haß, sondern von dem endlosen Bemühen, die zu lieben, die ich gehaßt hatte.

Der Verkehrslärm trat in den Hintergrund, während ich über den Bürgersteig hinkte und die Nachtluft einatmete. In meinem Herzen war eine nie zuvor gespürte Leichtigkeit.

Mein Kopf war immer noch voller Fragen, aber irgendwie fühlte ich mich mit mir und mit einem Gott versöhnt, dem ich vertrauen konnte und der mein Leben leiten und ordnen würde, wie ich es noch nie erlebt hatte.

Nachdem ich diesen Schritt innerlich vollzogen hatte, kehrte ich zum Freizeitheim zurück und sprach dort mit einem der Leiter. Ich wollte grundlegende Antworten auf meine Fragen zum Gebet, zur Treue Gottes und zur Vertrauenswürdigkeit der Bibel, Antworten, die mich mitnehmen sollten in eine ungewisse Zukunft.

Eine ruhige Heiterkeit machte sich in meiner Seele breit, und mich überkam die tiefe Freude, nach monatelangen Zweifeln und Unsicherheit eine Entscheidung getroffen zu haben.

Zwei Freunde beteten mit mir, einer von ihnen hatte mich von Anfang an auf meinem Weg zum Glauben begleitet. Es waren einfache Gebete, die er sprach, und er befahl mich der Liebe und dem Dienst Gottes an. Damit begann mein Dasein als Jünger Jesu. In der Person des amerikanischen Missionars und Gründers von Youth Alive, Allen Lutz, sah ich eine große Herausforderung für mich; er traf mich an meinem empfindlichsten Punkt – an der Notwendigkeit, meinen Feind zu lieben. Trotz meiner Entscheidung, die Bibel ernst zu nehmen, hatte ich bei dieser Herausforderung einen regelrechten Kampf mit mir auszufechten. Ich verbrachte viel Zeit damit, immer wieder Jesu Worte über die Feindesliebe im fünften Kapitel des Matthäusevangeliums zu lesen.

Mein neuer Mentor und ich sprachen stundenlang darüber, was es bedeutete, seinen Feind zu lieben. Dabei sagte ich ihm, was ich von den Weißen und der Situation in Südafrika hielt.

Allen Lutz war ein exzellenter Zuhörer und sehr verständnisvoll. Sein Glaube und sein Leben waren glaubwürdig. Anders als andere Weiße kam er zu uns nach Hause, aß mit uns und erlebte die Unannehmlichkeiten, die mit einem Leben in Soweto verbunden waren. Auch wenn wir meistens verschiedener Meinung waren, hatte ich das Gefühl, daß es so richtig war: Er hatte sich das Recht, mit mir zu sprechen, verdient. Er bestärkte mich im Glauben und akzeptierte die Realität meiner Erfahrungen als schwarzer Mann. Ich wuchs rasch im Glauben.

Meine Familie konnte meine Verwandlung nicht nachvollziehen. Meine Mutter, aufgewachsen in der lutherischen Kirche, hielt mein Reden über einen persönlichen Glauben zu einem liebenden und sorgenden Gott für Phrasendrescherei. In ihrem Gebetbuch-Glauben und den angelernten Formeln war kein Platz für meinen lebendigen, neu gefundenen Ausdruck der Freude und der Hoffnung.

Sie hat mich die ganzen Jahre über wegen meines Unfalls und dessen Folgen ständig beschützt. Sie hat meinen Glaubenseifer zwar nie geteilt, spottete aber auch nicht darüber. Sie unterstützte mich und ergriff sogar meine Partei, wenn meine Brüder sich über mich lustig machten.

Mein Vater dagegen wartete einfach darauf, daß ich der Sache müde würde. Als jedoch eine Woche nach der anderen verging, ohne daß das geschah, wurde seine Ungeduld mit mir und meinem Glauben immer größer. Er hatte gedacht, die Realität Sowetos mit seiner Verzweiflung und Hoffnungslosigkeit würde mich in die „Wirklichkeit" zurückholen. Seiner Meinung nach mußte mein Glaube bald unter seiner eigenen Last zusammenbrechen.

Die schwerste Prüfung für seine Liebe zu mir war eine Begebenheit, die sich ein Jahr nach meiner Bekehrung zutrug.

Es war Sitte in afrikanischen Familien, einmal im Jahr den Arztpriester zu bestellen, um die Bande zwischen den Familienmitgliedern zu stärken. Diese Praxis gab es bei allen Stammesgruppen, gleich ob sie den christlichen Glauben angenommen hatten oder nicht.

Jedes Familienmitglied war ein Glied in einer Kette, und die Aufgabe des Arztpriesters war es, die Verbindungen untereinander zu stärken. Wenn einer der Familienmitglieder nicht an dem Ritual teilnahm, schwächte das die Verbindungen, und ein böser Geist würde über die Familie kommen. Die Weigerung, an diesem Ritual teilzunehmen bedeutete, seine Familie nicht zu lieben.

Ich befand mich in einem Dilemma. Natürlich liebte ich meine Familie, aber ich liebte Christus noch mehr als sie. Mit ihm verband mich etwas

Stärkeres. Als Christ konnte ich nicht länger an diesem Ritual teilnehmen. Mein Vater war jedoch unerbittlich: entweder ich machte das Ritual mit, oder ich mußte sein Haus für immer verlassen.

Die Situation wurde für meinen Vater noch erschwert, weil der Arztpriester ihm vorausgesagt hatte, daß mir große Gefahr drohte. Zunächst versuchte ich das als Versuch abzuweisen, mich und meine Familie zu manipulieren. Da ich aber um die Wirklichkeit böser Kräfte wußte, konnte ich diese Prophezeiung nicht auf die leichte Schulter nehmen. Auch mein Vater konnte das nicht. Der Arztpriester wollte mich mit Hilfe seiner übersinnlichen Kräfte schützen, aber dieses Angebot lehnte ich offen ab und versicherte meinem Vater, daß, wenn mir Gefahr drohte, Gott mich beschützen würde.

Ich verstand die Gründe meines Vaters, mich von zu Hause und der Familie fortzuschicken, und sagte ihm das auch. Da er mich zu nichts zwingen konnte, hatte er keine andere Wahl, als mich gehen zu lassen. Traurig ging ich fort.

Fast genau drei Monate später bewahrheitete sich die Prophezeiung des Arztpriesters – allerdings etwas anders als vorhergesagt. Wie die drei jüdischen Jungen, die unter der Herrschaft Nebukadnezars in den Feuerofen geworfen wurden und nicht verbrannten, ließ Gott mich einen sehr schweren Autounfall ohne Verletzungen überstehen.

Ich saß mit mehreren anderen jungen Leuten in einem Lieferwagen von Youth Alive. Der Fahrer fuhr zu schnell in eine plötzlich auftauchende Kurve, und der Wagen überschlug sich dreimal. Fünf der Insassen wurden herausgeschleudert, ich war im Fahrzeug eingekeilt. Als der Wagen aufgerichtet worden war, konnte ich völlig unversehrt aussteigen.

Bei diesem Unfall zeigte Gott, daß er der Herr ist. Die Tatsache, daß ich unversehrt war, veranlaßte meinen Vater, seine Einstellung gegenüber meinem Glauben neu zu überdenken. Er begann sich zu fragen, ob nicht letztendlich doch etwas an dieser christlichen Sache war. Ohne irgendwelche Bedingungen zu stellen, lud er mich ein, wieder bei ihnen zu wohnen.

Zurück zu Hause, hatten meine Brüder und Schwestern ein offeneres Ohr für meinen christlichen Glauben. Einige von ihnen waren neugierig genug, um ein aktives Interesse für das Christsein an den Tag zu legen und die Sonntagsschule zu besuchen.

Mein Vater und meine Mutter, beide in den Fünfzigern, kamen während meines Studiums in den Vereinigten Staaten auf einem eigenen Weg zu einem lebendigen Glauben an Jesus Christus.

Als mein Vater erfuhr, daß er Diabetiker war, hatte er zunächst aufgehört zu trinken, es dann aber wieder angefangen. Eines Tages verlor er die Kontrolle über sich, trank zuviel und fiel ins Koma. Ins Krankenhaus eingeliefert, gab man ihm nur noch kurze Zeit zu leben. Tagelang schwebte er zwischen Leben und Tod.

Einmal erwachte er und hörte zwei Krankenschwestern sagen, daß er nicht mehr lange zu leben hätte. Halb im Koma betete er und bat Gott, ihn zu heilen. Vier Tage später kam er aus dem Krankenhaus.

Er begann die Bibel zu lesen und übergab schon bald sein Leben Jesus Christus. Er hörte auf zu trinken und spritzte sein Insulin regelmäßig. Sein verändertes Leben beeinflußte meine Mutter, und sie trat schon bald in seine Fußstapfen. Sie traten der Kirche am Ort bei, in der ich als Assistent arbeitete, und wurden später Gründungsmitglieder der Eben-Ezer Evangelical Church.

8
Der Auftrag

Noch auf der Highschool mußte ich meinen Glauben das erste Mal richtig unter Beweis stellen, obwohl ich bis dahin noch nicht offen darüber gesprochen hatte, was Jesus Christus für mich bedeutete.

In der Schule war es üblich, morgens eine Versammlung abzuhalten, bei der Gebete und Bibeltexte gelesen wurden und in der der Direktor einige Ankündigungen machte. Zusätzlich wurde einmal in der Woche ein Prediger aus dem Ort eingeladen, um einen kurzen Gottesdienst zu halten. Einige der Prediger hatten einen wesentlich geringeren Bildungsstand als wir. So war es ein beliebter Zeitvertreib für uns Schüler, das Gesagte zu analysieren und uns über die grammatikalischen Fehler lustig zu machen, die sie in ihrem unzureichenden Englisch machten. Besonders gerne stellte unser Biologielehrer die „Dummheit" der christlichen Religion heraus. Da der Direktor eine positive Einstellung zum Christentum und dem Bibellesen hatte, bat er manchmal, wenn kein Prediger da war, jemanden aus dem Lehrerkollegium, aus der Bibel vorzulesen. Von Zeit zu Zeit kam auch der Biologielehrer an die Reihe. Dann stand er auf und las vor, als halte er die Bibel für das größte Buch, das jemals geschrieben worden ist. Er tat das allerdings nur, um seinen Arbeitsplatz zu behalten. Im Klassenzimmer dann zog er boshaft über die Heilige Schrift her.

Der Gideonbund schenkte den neu anfangenden Studenten jedes Jahr eine Bibel. Als Geste der Dankbarkeit organisierte der Direktor dann zwei Wochen lang jeden Tag eine Bibellesung mit kurzen Kommentaren der Lehrer.

Die meisten Lehrer, einschließlich des Biologielehrers, nahmen an der ganzen Übung einfach nur teil, ohne eigenen Glauben zu zeigen. Das veranlaßte einige von uns neuen Christen, zum Direktor zu gehen und ihn zu fragen, ob auch wir einmal aus der Bibel vorlesen dürften. Er war einverstanden. Die Lehrer traten ohne Widerspruch zugunsten der christlichen Studenten zurück. Ich sollte gleich als erster am folgenden Tag vorlesen und vor 1.200 Mitschülern einen kurzen Vortrag halten.

Einigen meiner Kollegen stockte der Atem, als sie mich an das Pult treten sahen. Von allen Studenten auf dem Campus hatte man wohl von mir am allerwenigsten erwartet, daß ich freiwillig aus der Bibel vorlesen würde.

Als ich vor der versammelten Mannschaft stand, zitterte ich. Die 1.200 Schüler sahen aus wie 12.000, und als ich über das Meer von Gesichtern blickte, schienen die mir bewilligten fünf Minuten wie fünf Stunden vor mir zu liegen. Ich hatte nicht die geringste Ahnung, was ich in der Zeit sagen könnte.

Ich las einige Verse, holte tief Atem und begann zu reden. Ich erzählte meinen Kollegen, wie ich von einem Weißen fast umgebracht worden und nun für mein Leben ein Krüppel war. Ich hatte das Christentum abgelehnt, weil ich in ihm die Religion des weißen Mannes gesehen hatte. Ich sagte auch, daß dieser innere Kampf in mir noch nicht abgeschlossen war. Dann erzählte ich ihnen, wie ich den entscheidenden Unterschied zwischen institutioneller Religion und wahrem Glauben entdeckt hatte durch die persönliche Begegnung mit Jesus Christus.

Zum Schluß las ich noch kurz eine Bibelstelle und schloß mein Zeugnis mit den Worten: „Viel mehr habe ich nicht zu sagen über das, was ich da gerade gelesen habe. Aber ich kann euch versichern, daß ich Stellen wie diese früher nicht verstanden habe; jetzt verstehe ich sie. Früher war ich blind, jetzt sehe ich; früher war ich gebunden durch die Sünde, jetzt bin ich frei."

Ich war fertig und ging still zurück an meinen Platz.

Die Reaktion von seiten der Schüler war überwältigend. Fast zwanzig von ihnen kamen zu mir und baten mich zu erklären, was mit meinem Leben passiert war. Einige übergaben daraufhin ihr Leben Jesus Christus. Viele von ihnen stehen noch heute zu dem Versprechen, das sie damals gegeben haben.

Ich erkannte zum ersten Mal, daß ich mit anderen über meine Glaubenserfahrung reden konnte, daß sie mich verstanden – und daß sich das Leben der Menschen ändern konnte, wenn sie die Geschichte meines Glaubens hörten.

Am nächsten Tag begann eine kleine Gruppe von uns, sich regelmäßig während der Mittagszeit zu treffen, um darüber zu reden, wie wir den neu entdeckten Glauben auf das alltägliche Leben in Soweto anwenden könnten. Auf einfache Art und Weise wurde der Glaube an Christus die treibende, alles umfassende Kraft in unserem Leben. Er berührte jeden Aspekt unseres Lebens, und er war nicht nur theoretisch, sondern zutiefst praktisch.

Als einige von uns nichts zu essen hatten, teilten die anderen mit ihnen, was sie hatten. Als die Examenszeit kam, taten wir uns zusammen und lernten an einem möglichst sicheren Ort – sicher mußte er sein, weil die örtliche Polizei in der Nacht vor den Examen häufig kam, um Razzien in unseren Häusern durchzuführen. Das passierte bei einigen meiner christlichen Freunde so regelmäßig, daß sie schon deshalb vor den Prüfungen einer großen psychischen Belastung ausgesetzt waren. Oft fiel jemand nicht wegen fehlender Intelligenz durch, sondern aufgrund dessen, was in der Nacht vorher passiert war.

Bis 1976 traten nachweislich nur fünf Prozent aller in Soweto eingeschulten Kinder zum Abschlußexamen an den weiterführenden Schulen an. Die anderen fünfundneunzig Prozent scheiterten irgendwo auf dem Weg dorthin. Das ganze System war ein abgekartetes Spiel gegen die vielen jungen Schwarzen.

Die Prüfungen an den Oberschulen bestanden aus sieben Prüfungsfächern. Dazu kamen drei Sprachen: Englisch, Afrikaans und unsere jeweilige Muttersprache. Wenn wir in einer dieser Sprachen durchfielen, galt die ganze Prüfung als nicht bestanden. Wir mußten dann also alle Fächer wiederholen und nicht nur das nicht bestandene Fach. Das bedeutete ein weiteres Jahr Verlust. Die Angst davor, eine Klasse wiederholen zu müssen, war so groß, daß die Schüler oft schon allein deshalb schwache Leistungen brachten. Und es konnte gut passieren, daß man beim zweiten Mal in einem anderen Fach durchfiel. Die durchgefallenen Studenten waren oft so enttäuscht von der Schule, daß sie die Ausbildung vorzeitig abbrachen.

Wir Christen glaubten, daß unser Leben in der Hand eines sorgenden Gottes lag, der unsere Angst verstand. Dieses Wissen war uns Trost und Hilfe. Wir wußten, daß unser Leben einen Wert hatte unabhängig davon, ob wir die Prüfung bestanden oder nicht. Gott würde uns nie verlassen. Wir erkannten auch, daß wir diesen Trost unseres neu gefundenen Glaubens an unsere Mitschüler weitergeben mußten.

Eine gute Möglichkeit, anderen unseren Glauben zu bezeugen, bestand darin, Vorteile aus der Arbeit der Gideons zu ziehen – dann nämlich, wenn sie an anderen Schulen ihre Neuen Testamente verteilten. Eine Gruppe von uns folgte den Gideons von einer Schule zur nächsten. Überall baten wir den jeweiligen Direktor, eine Woche lang die Morgenversammlung dazu nutzen zu dürfen, den Schülern das Bibellesen nahezubringen. Wir boten uns an, ein paar dieser Versammlungen zu leiten.

Innerhalb von drei Monaten hatten wir jede Highschool Sowetos besucht. Das Resultat unseres Einsatzes konnte man an der steigenden Zahl von Schülern ablesen, die zu Youth Alive kamen. Im Laufe der Monate verlor ich den Überblick über die genaue Anzahl der Schüler, die sich aufgrund der Morgenversammlungen bekehrt hatten.

In dieser Zeit wurde in mir der Gedanke geboren, das Bedürfnis zu meinem Beruf zu machen, die Gute Nachricht mit all den Tausenden von jungen Leuten zu teilen, die gefangen waren in der Mühle von schulischem Versagen, Bitterkeit und Wut. Allmählich spürte ich in mir die Berufung zu einem hauptamtlichen Prediger und Evangelisten.

Ich wußte, daß ich nie mehr der Alte sein würde, wenn ich mich einmal für diesen Weg entschieden hätte. Das Streben nach materiellem Erfolg, Weiterbildung, guten Stellen, einem Heim, Frau und Kindern, nach Geld und einem guten Leben – so, wie es in Soweto eben möglich war –, all das konnte dann nicht länger den gleichen Stellenwert haben. Bis dahin war ich entschlossen gewesen, Jura zu studieren, weil alle schwarzen Anwälte, die ich kannte, politisch bewandert waren und politische Macht in der Gesellschaft der Schwarzen hatten. Rechtsanwalt zu werden bedeutete zugleich ein gutes Einkommen, die Förderung meiner politischen Ambitionen und die Beteiligung an der zukünftigen Wandlung meines Landes. Christ geworden zu sein hieß zwar nicht, kein Anwalt werden zu können, aber es hieß, das Königreich Gottes an erste Stelle zu setzen.

Mein Wunsch nach Gerechtigkeit und Rechtschaffenheit im Herzen jedes Menschen führte zu einer ungeheuren Wut auf das, was vor meinen Augen in meinem von einer Minderheit regierten Land passierte. Mein wachsender und sich vertiefender Glaube machte mich noch sensibler gegenüber Ungerechtigkeit.

Große Enttäuschung machte sich in mir breit über weiße Christen in Südafrika. Ich begegnete jedem Weißen, der sich Christ nannte, aber auf den sündigen Zustand in Südafrika mit einem „Ich kann doch nichts dagegen tun" reagierte, mit Skepsis. Ich antwortete darauf regelmäßig: „Es geht nicht darum, was du tun kannst, sondern darum, was du in deiner Gegenwart oder mit deinem Wissen geschehen läßt." Ich bin fest davon überzeugt, daß die Machtlosigkeit vieler Weißer selbstauferlegt war. Immerhin war es für sie von Vorteil, den Status quo zu wahren. In den ersten Jahren damals lernte ich, daß sich soziale Gerechtigkeit, politische Freiheit und christlicher Glaube nicht gegenseitig ausschlossen.

Dann begann eine Zeit der Unsicherheit in meinem Leben. Es gab viele

Richtungen, die ich einschlagen konnte, wenn ich mir nur die Mühe gab, mich aufzumachen. Vor allem aber wollte ich dem Willen Gottes folgen, und so begann ich, im Gebet nach der Richtung in meinem Leben zu suchen, die er für mich vorgesehen hatte. Ich wußte, daß es ein Leichtes sein würde, mich in der Mission in ländlichen Gebieten zu engagieren oder für die unendlich vielen Armen in den kleinen Dörfern rund um Johannesburg zu arbeiten. Als Alternative dazu waren da die Aufgaben im Gesundheitswesen und in der Sozialfürsorge.

Nach meinem verbissenen Kampf um ein künstliches Bein und die Aufnahme in die Gesellschaft als Schwerstbehinderter, sah ich eine erfüllende Aufgabe darin, anderen mit dem gleichen Schicksal bei ihren Problemen im Leben mit Rat und Tat zur Seite zu stehen. Aber ich entdeckte damals auch, daß es nicht nur wichtig war, sich mit den Folgen menschlichen Leidens zu beschäftigen, sondern auch mit den grundlegenden Strukturen, die dieses Leiden hervorriefen.

Ich habe viele Menschen getroffen – auch Weiße –, die gerne Zeit und Geld opferten, um das Leiden der Arbeitslosen zu lindern. Aber sie taten nichts gegen das grundlegende strukturelle Übel, das die Arbeitslosigkeit überhaupt erst schuf. Es konnte nicht der Sinn der Sache sein, die schlechte Ausbildung für Schwarze damit zu kompensieren, daß wohlmeinende weiße Lehrer ihnen Nachhilfe in Mathematik gaben. Was wirklich getan werden mußte, war, die Regierung dazu zu bringen, das Bantu-Erziehungsgesetz aufzuheben und gleiche Bedingungen für alle Kinder zu schaffen, unabhängig von ihrer Rasse, ihrer Hautfarbe oder ihrem Glauben.

Durch mein Engagement bei Youth Alive war ich immer mehr davon überzeugt, daß – egal ob es nun die bösen Strukturen waren, die böse Menschen hervorbrachten, oder ob böse Menschen böse Strukturen schafften – die Menschen der Schlüssel zur Lösung der grundlegenden Probleme in meinem Land waren.

In Südafrika ist es ohne weiteres möglich, daß sich ein weißer Mann auf dem Boden des Gesetzes bewegt, wenn er einen Schwarzen schikaniert – und er braucht dabei nicht einmal ein schlechtes Gewissen zu haben. Von der Bibel her wäre der Mann jedoch geistlich und moralisch Rechenschaft schuldig für die Sünde, die zu begehen die Struktur ihm erlaubt hat.

Ein weißer Vermieter kann sich zum Beispiel aufgrund des Gesetzes über getrennte Wohngebiete im Rahmen des Gesetzes weigern, einer schwarzen Familie eine Wohnung zu vermieten, egal wie dringend die

Bitte der Familie ist. Nach Jesu Lehre über Liebe und Gerechtigkeit müßte sich dieser Vermieter dem Gesetz widersetzen und der schwarzen Familie die Wohnung geben. Dann erst würde ein solcher Mann Jesus radikal nachfolgen und nicht dem Status quo.

Nach dieser Art von Veränderung in meinem Land sehnte ich mich. Ich wußte, daß damit für mich persönlich ein radikales Bekenntnis zur Ernennung Jesu Christi als Herr über alle Bereiche meines Lebens verbunden sein würde: über mein persönliches, geistliches, politisches und wirtschaftliches Leben und über meine Ausbildung. Entweder wäre Jesus ganz mein Herr oder gar nicht.

9
Anfänge von Partnerschaft

Der Dezember 1969 war einer der schlimmsten Monate meines Lebens. Ich war zwanzig Jahre alt und wartete auf die Ergebnisse meiner Abschlußprüfung – und von ihnen hing ab, ob ich meine akademische Laufbahn würde fortsetzen können. Meine gesamte berufliche Zukunft stand auf dem Spiel.

Ich betete, hoffte und wartete. Währenddessen versuchte ich zu lernen, meine Zukunft in Gottes Hände zu legen. Ich verbrachte mehrere Stunden am Tag mit Bibellesen, Beten und dem Versuch herauszufinden, welche Pläne Gott für mein Leben hatte.

Eine der Bibelstellen, auf die ich immer wieder stieß, war Matthäus 16,18, wo Jesus zu seinen Jüngern über die Kirche redete: „...ich will meine Kirche bauen, und die Pforten der Hölle sollen sie nicht überwältigen." Dieser Vers machte enormen Eindruck auf mich, weil Jesus durch ihn so direkt seine göttliche Absicht kundtat. Er würde eine Kirche bauen, die dem Angriff des Teufels widerstehen konnte, und er würde keine Berühmtheiten einsetzen beim Bau dieser Kirche, sondern einfache Leute: zwölf einfache Männer, die, aus ihrem Alltag herausgerissen, die gewaltigste Aufgabe der Weltgeschichte in Angriff nehmen sollten.

Solche Menschen hätten leicht auch aus Soweto kommen können; aus Soweto, dieser brodelnden Masse von Menschen, inmitten derer ich zu Hause war. Und ich, ein Schwarzer, dem in einem von Weißen kontrollierten und beherrschten Land die Bürgerrechte entzogen worden waren, wollte heute, 2.000 Jahre, nachdem Jesus auf die Erde gekommen war, an diesem Drama, das sich vor meinen Augen abspielte, teilhaben. Ich fühlte mich zutiefst verbunden mit den ersten Jüngern. Sie waren eine kleine Gruppe verfolgter Juden, die unter einer grausamen, unterdrückerischen römischen Regierung lebte, einer Regierung, die nicht viel anders war als die Apartheidsregierung in Südafrika, unter der ich und mein Volk leben müssen.

Sowohl ich als auch meine Eltern waren sehr erleichtert, als der Brief vom Erziehungsministerium für Schwarze kam mit der Nachricht, daß ich das Examen bestanden hatte. Ich konnte mein Studium an der Universität beginnen.

Es war mir inzwischen deutlich geworden, daß in Südafrika eine weiße Kirche verbündet war mit der politischen Philosophie der Apartheid und sich an der Unterdrückung der Schwarzen beteiligte. Ich sah auch, daß die schwarze Kirche isoliert und ohne Bedeutung war.

Für die Kirche, die Jesus bauen wollte, hatte er sich von allen Kreaturen gerade die schwächsten und am meisten unterdrückten Menschen ausgesucht, ohne akademische, politische oder wirtschaftliche Macht. Genau diese schwachen und unterdrückten Jünger waren es, denen der Schlüssel zum Reich Gottes im Himmel gegeben wurde und die mächtige Reiche zu Fall bringen sollten. Jesus hatte nicht eine schwache, wirkungslose, sondern eine dynamische, kraftvolle Kirche im Blick, die sich mutig mitten unter die unterdrückerischen politischen Kräfte begibt und sich dort behauptet.

Wenn ich über die Unwägbarkeiten in meinem Leben nachdachte, fand ich Trost in dem Wissen, Teil der Kirche zu sein, an der Jesus 2.000 Jahre gebaut hat. Ich stellte mir die Frage, auf welche Weise ich mich genauso engagieren könnte wie die anscheinend so unqualifizierten Männer damals. Denn Gott war und blieb Gott. Er war nicht ein Produkt seiner Zeit. Er arbeitete immer noch am Bau seiner Kirche. Konnte ich an diesem Prozeß teilhaben?

Ich wußte die Antwort schon, bevor ich die Frage gestellt hatte. Ich war zutiefst davon überzeugt, Teil von Gottes Plan sein zu wollen. Ich weigerte mich zu glauben, daß das Bild der Kirche als Institution zur Bestandswahrung – die ein paar Seelen vor dem Abgrund rettet, bevor der Vorhang fällt – das wiedergab, wovon Jesus geredet hatte. Die Lehre Jesu hatte eine Dynamik, die mich geradezu aufforderte, im „Bauteam" seines Königreiches mitzuwirken. Ich war voller Vorfreude auf das, was Gott als Lebenswerk für mich vorgesehen hatte.

Was mir eine Entscheidung für diesen Weg aber besonders schwer machte, war die Einstellung meines Vaters. Er hegte immer noch eine gewisse Skepsis meinem Glauben gegenüber, und er hatte etwas gegen die schwarzen Pfarrer in Soweto. Die meisten von ihnen waren ungebildete, schwache Männer, die sich um ihrer finanziellen Unterstützung willen an weiße Missionare verkauft hatten. Mein Vater versuchte, mir das Versprechen abzuringen, daß ich diesen Beruf nicht in Betracht ziehen würde. Ich gab ihm dieses Versprechen nicht, und ich konnte mir seine Reaktion vorstellen, wenn ich nicht die Laufbahn eines Rechtsanwalts einschlagen würde. Ich würde diese Entscheidung sicher nicht leichtfertig fällen. Und ich sehnte mich nach seiner Liebe und Zustimmung, aber ich wußte auch, daß das nicht das ausschlaggebende Kriterium sein durfte.

Inmitten dieser inneren Kämpfe kam die Anfrage von Youth-Alive-Leitern, vor Anfang meines Studiums mit einem Team von vier Mitarbeitern ein Jahr lang durch Südafrika zu reisen, das Evangelium zu predigen und unseren Glauben zu teilen. Zu dem Team gehörte auch Diamond Atong. Ich sah in dem Angebot eine Chance, mich der Arbeit in konkreten Situationen zu stellen und so meine Berufung zum hauptamtlichen Dienst besser einschätzen zu können.

Unser bei Versammlungen in Schulen und bei öffentlichen Veranstaltungen durchgeführtes Programm war so erfolgreich, daß wir sogar Einladungen nach England und in die Vereinigten Staaten bekamen, um es dort vorzustellen.

Bevor wir unsere Tour nach Übersee antraten, reisten wir durch das südliche Afrika, Botswana und Swaziland. Die Reise war überschattet vom Tod meines besten Freundes im Team. Er hieß Jerome Tunce und starb an Tuberkulose.

Jeromes Tod war die tragische Folge des staatlichen Gesundheitssystems für Schwarze, das sich durch wenig Ärzte, schlechte Einrichtungen und unzureichende Ausrüstung auszeichnete. Drei Ärzte hatte Jerome besucht, bis seine Tuberkulose diagnostiziert wurde. Der erste gab ihm Pastillen gegen seinen hartnäckigen Husten. Der zweite meinte, Jerome hätte eine chronische Bronchitis, er könne aber keine Röntgenaufnahmen machen. Ein dritter sagte, er litte an Magen-Darm-Katarrh. Erst ein Arzt im Presbyterialen Krankenhaus in Swaziland diagnostizierte die Tuberkulose. Jerome kam sofort in Quarantäne, aber es war zu spät. Er starb zwei Tage später.

Jeromes Tod traf uns tief. Ich war sein bester Freund, und sein Tod brachte mich völlig aus dem Gleichgewicht. Ich hatte das Gefühl, die Reise nicht fortsetzen zu können. Ein junger Mann, der sein Leben Gott geweiht hatte, war gestorben. Es war das erste Mal in meiner Zeit als Christ, daß ich Gottes Liebe und Weisheit ernsthaft in Frage stellte. In meinen Augen war es ein furchtbarer Verlust für unseren Dienst und für Gottes Arbeit in der Welt. Jerome hätte viel mehr tun können mit seinem Leben als viele andere Christen, die ich kenne. Wenn Gott sich so um uns sorgt, warum hat er zugelassen, daß Jeromes Leben so früh ein Ende gesetzt wurde? Warum hatte er nicht einschreiten können, um ihn zu retten?

Jeromes Tod hatte mich erschüttert, aber noch mehr verstörte mich

Gottes offensichtliches Schweigen. Hier lag das Geheimnis des Leidens – und es würde immer ein Geheimnis bleiben. Ich selbst hatte viel gelitten und sah darin einen Teil von Gottes Erlösungswerk. Aber Jeromes Tod war sowohl vorzeitig als auch sinnlos. Nachdem ich viel und intensiv gebetet hatte, kam ich zu dem Schluß, daß es einfach viele Dinge gab, die für meinen begrenzten Verstand zu schwer zu verstehen waren und auf die es keine einfachen Antworten gab. Der Gedanke, daß Jerome jetzt im Himmel bei Jesus war, tröstete mich, aber ein Teil von mir sehnte sich nach seiner Freundschaft hier auf der Erde. Sein Tod zwang mich, noch genauer über das Kreuz Christi nachzudenken und darüber, was es Gott gekostet hatte, seinen Sohn für unsere Sünden hinzugeben. Das Leben würde weitergehen, aber ich würde Jerome sehr vermissen.

Die Reise in die Vereinigten Staaten und nach Europa war sowohl geistlich als auch emotional eine Herausforderung. Sie öffnete uns die Augen für die Realität, die das Leben vieler der Missionare geformt hatte, die in unser Land gekommen waren. Wir lernten ihre Einstellung uns gegenüber und die Tatsache besser zu verstehen, warum die meisten von ihnen so schlecht informiert waren über das Leben im afrikanischen Kontext der Rassenkonflikte, der Armut und des Leidens. Ich entdeckte, daß es für viele meiner Freunde in Übersee leicht war, ihren christlichen Glauben von den sozialen Zusammenhängen zu trennen, in denen sie lebten.

Ein gutes Beispiel für unsere unterschiedlichen Auffassungen zeigte sich in einer Diskussion über Gerechtigkeit unter den Rassen. Uns ging es dabei um die Aufrechterhaltung der göttlichen Maßstäbe von Gerechtigkeit und Rechtschaffenheit, wie sie in der Bibel festgelegt sind. Für die Amerikaner, mit denen wir sprachen – selbst wenn es Christen waren –, war Rassismus lediglich eine Verletzung der Verfassung.

Wir entdeckten auch, daß unser Glaube durch unser Leiden eine tiefere Dimension hatte. Wenn wir beten: „Unser tägliches Brot gib uns heute", so meinen wir das wörtlich. Unseren europäischen und amerikanischen Freunden war das einfach fremd. All diese Entdeckungen machten die Reise sowohl reizvoll als auch anstrengend.

Wir trafen auf viel Interesse bei unseren weißen Freunden im Westen, aber auch auf viel Unwissenheit. So mußten wir sie zum Beispiel erst über den Kampf der Schwarzen aufklären. Auch die uns unterstützenden Gemeinden hatten nie die Gelegenheit gehabt, einen schwarzen Südafrikaner über die Rassentrennung in Südafrika reden zu hören. Alles, was man in diesen Gemeinden wußte, war ihnen von Weißen gesagt worden. Also lebten die meisten unter dem Eindruck, daß die weiße Regierung in Südafrika gut zu den Schwarzen war und daß die Probleme dort von kommunistischen Agitatoren verursacht wurden. Das paßte gut in das Raster der Angst der westlichen Christen, daß die Dritte Welt dem Kommunismus verfallen könnte.

In Wahrheit waren wir zwar offen für die Botschaft des Evangeliums, die weiße Missionare uns brachten, aber ihr Evangelium war unsensibel für unsere Kultur und sprach uns nicht in unserer sozialen Situation an. Ihr Evangelium bekräftigte den rassistischen Status quo und stellte die Apartheid nicht als soziale und politische Sünde in Frage. Die Missionare wollten unsere Seelen für den Himmel retten, aber sie vergaßen, daß wir mit unseren Körpern auf der Erde leben.

Trotz der großen Anforderungen, die die Reise an uns stellte, gab es auch fröhliche Momente. Einmal wachte ein kleiner weißer Junge in einer Stadt in Pennsylvania auf und entdeckte, daß auf dem Wohnzimmersofa ein „schokoladenbedeckter" Mann schlief. Erschrocken rannte er zu seiner Mutter und rief: „Mama, da liegt ein Mann auf dem Sofa, der mit Schokoladensauce beschmiert ist! Warum wäscht er sie nicht ab?" Er kam zurück zu mir und versuchte, die Schokolade abzureiben. Ich lachte schallend.

So lustig die kleine Geschichte war, sie zeigt auch etwas von der Isolation, in der – wie wir feststellten – viele weiße Christen in Nordamerika leben. Aber wir ließen trotz dieser peinlichen Momente keine negativen Gefühle in uns hochkommen, denn unsere Gastgeber waren liebevoll und besorgt um unser geistliches Wohl.

Wir reisten viel in diesen drei Monaten und predigten und sangen, wo immer wir hinkamen. Es war herzergreifend zu erleben, wieviel Anteil die Menschen in diesen Kirchen an der Missionsarbeit nahmen. In einigen Kirchen trafen wir Leute, die jeden Tag für uns beteten und uns gut kannten. Da begann ich zu begreifen, warum unsere Bemühungen manchmal trotz unserer oft unzureichenden Vorbereitung erfolgreich waren. Bis heute bin ich Christen überall in der Welt dankbar, die sich verpflichtet haben, regelmäßig für uns und unseren Dienst zu beten.

Wir schlossen viele Freundschaften auf unserer Reise durch die Vereinigten Staaten, Kanada und England. Viele dieser Freunde unterstützen unsere Arbeit noch heute.

Die geistlichen Nöte junger Menschen, die mir während meiner Reisen begegneten, lösten Betroffenheit in mir aus. Viele lehnten die Kirche ab, weil sie sich den Problemen der schwarzen Jugendlichen gegenüber unsensibel und verständnislos zeigte. Viele der Jugendlichen hegten begründeten Groll gegen Kirche und institutionalisierte Religion – Groll, auf den man eingehen mußte. Ihre Verletzungen und ihr Leiden, ihre Fragen und ihr Suchen verlangten nach einer Antwort. Ich wollte ihnen bei der Suche nach dieser Antwort helfen. Ich wollte, daß sie Jesus Christus als den kennenlernten, als welchem ich ihm begegnet war: als Retter, der sie von der Macht der Sünde befreien und ihnen dabei helfen kann, sich selbst anzunehmen.

Das praktische Jahr zeigte mir, daß die Art und Weise, in der Youth Alive die jungen Leute dazu brachte, ihren Glauben mit Gleichaltrigen zu teilen, eine sehr effektive Form der Evangelisation war. Ich erkannte auch, daß es großen Einsatz von Youth Alive erfordern würde, junge Leute für Christus zu gewinnen und zugleich bei der Kirche das Bewußtsein zu wecken, für diese Jugendlichen verantwortlich zu sein. Zum ersten Mal dachte ich darüber nach, wie notwendig wirkliche Partnerschaften waren zwischen den Ländern, die Missionare über die traditionellen Missionsgesellschaften aussandten, und den Missionsgebieten, in denen sie arbeiteten.

Auf meiner Reise in die Vereinigten Staaten lernte ich auch Bob Nanfelt kennen, einen Geschäftsmann aus New Jersey, der bei einem Berufsunfall fast sein Bein verloren hätte. Aus Dankbarkeit darüber, daß Gott sein Bein gerettet hatte, hatte er einen Missionsfonds gegründet.

In der Brookdale Baptist Church in New Jersey hörte er unseren Bericht über Youth Alive. Nach dem Gottesdienst beschlossen wir gemeinsam, seinen Fonds dazu zu benutzen, Studenten aus der Dritten Welt die Möglichkeit eines Studiums an einem Bible College zu geben.

Bis dahin war ich noch nicht zu einem Schluß gekommen darüber, was Gott vielleicht mit mir vorhatte. Dieses Treffen schien mir aber ein Fingerzeig Gottes zu sein für das, was ich mit meinem Leben tun sollte. Ich erklärte mich einverstanden, der erste Stipendiat des Bob Nanfelt Fonds zu werden.

Zusammen gingen wir die Vorlesungsverzeichnisse mehrerer Colleges durch. Das Northeastern Bible College in Essex Fells, New Jersey, gar nicht weit weg von dem Ort, wo wir gerade waren, fiel uns besonders ins Auge. Seine Nähe zu New York City, wo viele südafrikanische Schwarze im Exil lebten, war ausschlaggebend für meine Entscheidung, dort hinzugehen. Die Möglichkeit, mit meinen Landsleuten Kontakt aufzunehmen, würde es mir leichter machen, wenn mich ab und zu Heimweh überfiele. Außerdem würde eine Zusammenarbeit mit diesen Schwarzen im politischen Exil mir helfen, mich beim Studium direkter auf die Situation in Südafrika zu konzentrieren. Das Northeastern Bible College war ideal für mich.

Ich mußte aber nicht sofort zusagen, sondern konnte erst heimfahren nach Soweto, mit meinen Eltern reden und die Situation überdenken, bevor ich eine endgültige Entscheidung traf.

Es war mir klar, daß ein Leben in den Vereinigten Staaten unendlich viel leichter für mich wäre und daß ich die demokratischen Freiheiten enorm genießen würde. So verlockend es sich aber anhörte, in den Staaten studieren zu können, ich war realistisch genug zu wissen, daß ich auch große Anpassungsprobleme haben würde. Ich brauchte Zeit, um das Für und Wider einer zeitweisen Trennung von meiner eigenen Kultur und einer Anpassung an ein Leben in Amerika abwägen zu können. Auch mußte ich nach Beendigung meines Studiums mit einer Zeit der Wiedereingewöhnung in Südafrika rechnen. Ebenfalls zu bedenken war, daß ich den christlichen Glauben in einem Kontext studieren würde, der dem meinen völlig fremd war. – Wäre ich fähig, nach Südafrika zurückzukehren in eine Welt von Menschen, die nichts anderes als Unterdrückung kannten?

Youth-Alive-Leiter aus Soweto, die mit uns reisten, rieten mir, erst einmal für sechs Monate nach Südafrika zurückzukehren, um vor Beginn des Bibelstudiums noch praktische Erfahrungen zu sammeln. Mit dem Team fuhr ich in meine Heimat zurück.

Von Januar bis Juni 1971 arbeitete ich als freiwilliger Mitarbeiter bei Youth Alive in Soweto. Meine Aufgabe bestand in einem Reisedienst durch die weiterführenden Schulen Sowetos. Ich bekam einen tieferen Einblick in die Probleme der Ausbildung von Schwarzen und fühlte mich bestätigt in meiner Berufung zum hauptamtlichen Dienst.

Während dieser Zeit wurde ich auch einer jungen Dame vorgestellt, die mein Leben auf ganz andere Art und Weise verändern sollte. Sie wußte von meiner Arbeit, aber wir hatten uns noch nie vorher getroffen. Sie hieß Nomchumane Nyangiwe oder „Chumi" und machte eine Ausbildung als Krankenschwester.

Wir hatten kaum Zeit, uns richtig kennenzulernen, bevor ich in die Vereinigten Staaten ging.

10
Heirat und Mission

Die nächsten vier Jahre verbrachte ich am Northeastern Bible College.
Ich studierte die Bibel und lebte zusammen mit vielen anderen Studenten – einer internationalen Studentenschaft, zusammengesetzt aus vielen verschiedenen Rassen. Das gab mir Gelegenheit, meinen Glauben einzuschätzen und in meinem evangelikalen Boden tiefere Wurzeln zu schlagen.

Gleichzeitig vertiefte sich meine Beziehung zu Chumi – ausschließlich über einen Briefwechsel. Ich begann sie zu lieben und konnte mir ein weiteres Leben ohne sie nicht vorstellen. Mir war also klar, daß wir heiraten mußten, aber die weite Entfernung erschwerte die Werbung um sie erheblich.

Unsere gegenseitige Liebe war ausschließlich aus der Korrespondenz entstanden und durch sie gewachsen. Während meiner Zeit in Amerika schrieben wir einander unzählige Gedichte. Die rund fünfzehntausend Kilometer, die uns trennten, während ich in den Vereinigten Staaten studierte und sie in Soweto ihren Beruf als Krankenschwester ausübte, kamen uns vor wie Millionen. Es gab Zeiten, da wollte ich nichts anderes, als den Ozean überspringen und bei ihr sein, um mein Leben und meine Zukunft mit ihr zu teilen. Geduld zu haben war sehr schwer.

Es war schon schwierig genug, brieflich Heiratspläne zu machen. Erschwert wurde dies dann noch durch die Tradition, die es verlangte, daß meine Onkel bei Chumis Eltern um ihre Hand anhielten – und das würde einige Überzeugungsarbeit kosten und nicht vor meiner Rückkehr nach Südafrika geschehen können.

Ich verbrachte in diesem Jahr viel Zeit damit, am Bible College Geschirr zu spülen, um genug Geld für die Reise zusammenzubekommen. Als der letzte Dollar verdient war und das Flugticket gebucht, konnte ich an nichts anderes mehr denken als an Chumi und das Leben, das ich hoffte, mit ihr teilen zu können – so Gott wollte. Im Mai 1974 kehrte ich endlich nach Südafrika zurück.

Es war eine Woche abendlicher Diskussionen nötig, bis ich meine Onkel von meiner Heiratsfähigkeit überzeugt hatte. Denn mein Bankkonto war einfach nicht vertrauenerweckend genug, um damit zu Chumis Eltern zu gehen. Meine Onkel wußten: sie hatten den Nachweis zu erbringen, daß ich für Chumi sorgen konnte, und sie hatten nicht unseren Glauben, daß Gott uns durch gute und schlechte Zeiten geleiten würde – ob mit oder ohne Geld.

Mein Vater war erleichtert, daß ich nicht während meiner Zeit in den Staaten eine Ausländerin geheiratet hatte, daher unterstützte er meinen Heiratsantrag und nahm es auf sich, die anderen davon zu überzeugen. Er konnte ja nicht wissen, daß es für mich gar nicht in Frage gekommen wäre, eine Ausländerin zu heiraten. Sie hätte sich im politischen Umfeld von Südafrika niemals wohlfühlen können. Außerdem hatte ich mich durch die drei Jahre in den Vereinigten Staaten verändert. Ich wußte, daß ich nach meiner Rückkehr nach Südafrika Chumis Hilfe brauchen würde, um mich wieder einzuleben.

Innerhalb von drei Monaten hatte ich alle Familienmitglieder beider Familien auf meiner Seite.

Chumi und ich verlobten uns. Ich kaufte ihr in Johannesburg einen Ring und lud alle unsere Freunde von Youth Alive und aus unserer Kirchengemeinde zu einem Verlobungsfest bei Chumi zu Hause ein.

Aufgrund meines Lehrplans mußte ich im August zurück nach Amerika ans College, und dort wartete ich auf Chumis Ankunft. Die Wartezeit schien mir endlos im Vergleich zu den drei Jahren unserer Brieffreundschaft quer über den Atlantik.

Es war herrlich, Chumi endlich durch die für Einwanderer bestimmte Tür des Kennedy-Flughafens kommen zu sehen. Vorher hatte sie das Vergnügen gehabt, den Zollbeamten zu erklären, was ihr denn Hoffnung mache, mit einem Mann zu leben, der Geschirr an einem Bible College wusch. Eine Stunde lang verhandelten Chumi in einem Englisch mit südafrikanischem Akzent und der Zollbeamte in einem Englisch mit Bronx-Akzent, bis letzterer verstand, daß ihr zukünftiger Ehemann ein ausländischer Student mit voller finanzieller Unterstützung war und nicht einfach ein Tellerwäscher.

Wir heirateten am 18. Mai 1975. Es war Chumis Geburtstag und der Tag nach meiner Examensfeier am Northeastern College.

Zu den schönsten Erlebnissen bei der Hochzeit gehörte die Anwesenheit von Chumis Onkel, der seit 1960 im Exil in New York lebte. Er brachte viele Freunde mit, und sie sangen afrikanische Lieder – sehr zur Freude unserer amerikanischen Gäste, die solchen Gesang noch nie gehört hatten.

Chumis Onkel war einer von Tausenden im Exil lebenden Schwarzen, die Südafrika verlassen mußten, als der Afrikanische Nationalkongreß verboten wurde und es sicher schien, daß alle politischen Aktivisten ins Gefängnis kommen würden. Er ließ sich in New York nieder und heiratete eine Frau aus Südafrika.

Zwei Wochen nach unserer Hochzeit fuhren wir mit unserem alten Chevy von Essex Fells in New Jersey nach Wheaton in Illinois, um dort die nächste Phase unseres gemeinsamen Lebens zu beginnen. Ich hatte ein Zwei-Jahres-Stipendium für ein Studium der Kommunikationswissenschaften an der Graduate School (höhere Fachsemester an einer amerikanischen Universität – Anm. d. Übers.) des Wheaton College bekommen, einer der führenden und angesehensten christlichen Institutionen unter den Hochschulen.

Es war ein feuchtheißer Tag im Juli, als Chumi und ich in Wheaton ankamen, und wir wurden empfangen von einer Gruppe afrikanischer Studenten. Mit ihrer Hilfe gewöhnten wir uns schnell an das Leben an der Graduate School. Das Miteinander mit diesen Studenten eröffnete uns ganz neue Welten auf dem Gebiet der Mission im Süden Afrikas. Bis dahin hatten wir Mission erlebt als im wesentlichen von Weißen bestimmt und kontrolliert durch von der Regierung anerkannte, ausländische Missionare. Bei den in Südafrika tätigen Missionsgesellschaften war es für Schwarze unmöglich, leitende Stellungen einzunehmen. Das hatte zur Folge, daß die schwarzen Südafrikaner in den von Missionaren gegründeten Kirchen in untergeordneten Stellungen gehalten wurden. In unseren Diskussionen kamen wir immer wieder auf dieses Kernproblem zurück: Wenn Missionen naturgemäß von westlichen Weißen geleitet wurden, sollte es dann nicht ein Zulassungsverbot für ausländische Missionare in Afrika geben?

Der erste Schwarzafrikaner, der diesen Gedanken offen äußerte, war Pastor John Gatu, zu der Zeit Student in Wheaton und später ein evangelikaler Kirchenführer in Ostafrika. Er forderte einen Freiraum, in dem Afrikaner ihre eigenen Missionsgruppen gründen und ihre eigenen Leute ohne Beeinflussung von außen evangelisieren könnten. Denn, so seine wachsende Sorge, das Evangelium war immerzu eingebettet in westliche Kultur.

Einen weiteren Anstoß bekamen wir von Pius Wakatama aus dem damaligen Rhodesien (heute Simbabwe), ebenfalls einer aus der Gruppe der afrikanischen Studenten in Wheaton. Er rief uns zur Unabhängigkeit von ausländischen Missionen auf, damit schwarze Kirchen und ihre Leiter die Möglichkeit hatten, ein eigenes Profil zu entwickeln und die afrikanischen Kirchen das Recht auf Selbstbestimmung erhielten. Er war zwar nicht für ein Zulassungsverbot von westlichen Missionaren in Afrika, kämpfte aber gegen das, was er „missionarischen Kolonialismus" nannte.

Er forderte einen „neutestamentlichen Umgang mit dem Problem", denn, so sagte er, die Apostel seien jeweils nur einige Monate an einem Ort geblieben, um das Evangelium zu verkünden und eine Kirche zu gründen, dann seien sie weitergezogen in noch nicht evangelisierte Gebiete. Der Apostel Paulus habe seine Weisungen und Mahnungen brieflich gegeben, durch Boten oder bei nochmaligen Besuchen; nie habe er sich für mehrere Jahre an einem Ort niedergelassen.

Die Perspektiven Wakatamas regten mich dazu an, die Gründe für das schlechte Wachstum der Missionskirchen und den Mangel an schwarzen, einheimischen Leitungsgremien in Südafrika erneut kritisch zu überdenken. Westliche Missionare kamen in unser Land, gründeten ihre Missionsstationen, blieben länger, als man sie brauchte, und akzeptierten die herrschende politische Ideologie der Apartheid, ohne auf das ihr innewohnende Übel aufmerksam zu machen.

Mein Studium in Wheaton bei so beachtenswerten Männern wie Dr. James Engel, Dr. Vic Oliver und Dean Norton halfen mir, die Sozialwissenschaften auf den evangelischen Glauben anzuwenden. Ich begann auch, den Zusammenhang von Geschichte und Theologie in einem neuen Licht zu betrachten. Es gab Leute, die meinten, man könne Geschichte einfach in einzelne Zeiträume gliedern und in getrennte Schubladen stecken. So wurde auch Gott in Schubladen verpackt und dann die für sein heutiges Handeln zuständige Schublade aufgemacht. Durch die Einschränkung des göttlichen Handelns auf bestimmte geschichtliche Zeitabschnitte gelang es vielen Christen, Teile der Bibel einfach auszusparen in der Meinung, sie seien heute nicht mehr relevant. Aber, das erkannte ich, Gott war zu groß für solche von Menschen gemachten Schubladen. Die Bergpredigt Jesu ist heute noch genauso aktuell wie vor 2.000 Jahren, als Jesus sie hielt.

Mein Studium in Wheaton half mir auch, kritische Fragen zur praktischen Durchführung von Missionsprojekten in den nächsten Jahrzehnten zu stellen. Bewährtes afrikanisches Gedankengut war mir in dieser Hinsicht von Nutzen, und so erschloß ich während der Zeit auch hilfreiche Wege der Partnerschaft mit Kirchen im Westen.

Nach zwei Jahren schloß ich das Studium 1976 mit dem Magister ab. Chumi und ich planten, die folgenden drei Monate noch in den Vereinigten Staaten zu verbringen, um die Menschen zu ermutigen, Youth

Alive in Soweto finanziell und durch ihre Gebete zu unterstützen. Es war uns sehr wichtig, viele Freunde um ihr Gebet zu bitten. Damals wie heute waren und sind wir davon überzeugt, daß fruchtbarer Dienst von mehr als nur vom Geld abhängig ist.

Innerhalb von zwei Tagen jedoch wurden alle unsere Pläne zunichte gemacht. Die politischen Ereignisse in Südafrika entwickelten sich auf eine Art und Weise, wie wir sie nie hätten voraussehen können. Am 16. Juni 1976 wurde der dreizehn Jahre alte Hector Petersen bei einer Schuldemonstration auf den Straßen Sowetos erschossen.

11
Hector Petersen – eine Wende

Jeder in Soweto kennt den Namen Hector Petersen. Er war ein dreizehn Jahre alter Schuljunge, der am 16. Juni 1976 an einem Protestmarsch teilnahm und dabei von Polizisten der Sondereinheit zur Bekämpfung von Aufruhr erschossen wurde.

Der Protestmarsch richtete sich gegen die Unterrichtssprache Afrikaans in Fächern wie Wissenschaft und Mathematik an Schulen für Schwarze. Dies war die größte Bedrohung für die Sicherheit der Weißen seit der Schießerei in Sharpeville. Schwarze Schüler schrien: „Ihr werdet uns nicht länger herumstoßen!" Sie schrien es den Afrikaandern mit ihrer Vorstellung von den „glücklichen Eingeborenen" ins Gesicht, die all das würdigen sollten, was die Weißen für sie taten.

20.000 Schulkinder marschierten an jenem Tag durch die Straßen von Soweto. Nach diesen schicksalsträchtigen 24 Stunden waren sieben der Kinder tot, zwei Weiße gelyncht, Polizeihunde erstochen und angezündet und die Büros der Bantu-Verwaltungsbehörde zerstört worden.

Hector Petersens Tod, der erste von den vielen, die noch folgen sollten, war der Markstein für den Beginn einer neuen Phase der Konfrontation. Die Sicherheit der Weißen sollte nie mehr so gewährleistet sein wie vorher. Der Aufstand setzte eine Kettenreaktion im ganzen Land und schließlich in der ganzen Welt in Gang. In den vier Monaten, die auf den 16. Juni 1976 folgten, machten 160 schwarze Kommunen ihrer Wut Luft.

Soweto – dieses dreckige Elendsloch von Stadt, das ich mein Zuhause nannte – war über Nacht berühmt geworden. Chumi und ich schauten von Amerika aus zu und weinten um Hector Petersen. Die im amerikanischen Fernsehen gezeigten Bilder von einem schwarzen Jungen, der eine Straße von Soweto entlangrannte, den leblosen Körper von Hector in seinen Armen, machten Chumi und mir mit einem Schlag klar, daß wir sofort an die Seite unserer leidenden Brüder und Schwestern zurückkehren mußten. Wir packten unsere wenigen Habseligkeiten zusammen und sagten unseren Freunden Lebewohl. Zusammen standen wir im Kreis und beteten, und unter die Gebete mischten sich Tränen. Wir wußten, daß wir uns wahrscheinlich nie wiedersehen würden.

Wir verließen Wheaton ein paar Tage nach meiner Graduationsfeier und flogen zurück nach Johannesburg und zu Youth Alive, ohne zu wissen, was wir vorfinden würden – wie viele unserer Freunde getötet, wie viele in Haft genommen worden waren. Die Überreste von Regierungsgebäuden, die Straßensperren und die Reihen billiger Särge gehörten zu den Bildern, mit denen uns Soweto empfing.

Die durch die Apartheid herbeigeführte Entmenschlichung hatte ihren Höhepunkt erreicht. Vielen war der Wert des menschlichen Lebens völlig egal geworden: Schwarze und Weiße betrachteten einander nur als Symbole, die, ungeachtet ihrer Persönlichkeit, ihrer Familien, ihrer Heimat, ihrem Hintergrund, zerstört werden konnten. Menschen waren zu Einwegobjekten geworden, die man in den Abfalleimer werfen konnte. Ein weißer Soldat zum Beispiel kam von Soweto zurück und brüstete sich, in allerkürzester Zeit die meisten Kugeln abgefeuert zu haben – Kugeln, die nicht etwa gegen eine mächtige, in sein Land einmarschierende Armee, sondern gegen unbewaffnete, in seinem eigenen Land geborene Männer, Frauen und Kinder gerichtet waren.

Auf der anderen Seite war da der tragisch-ironische Tod eines ersten weißen Mannes: Am 16. Juni wurde Dr. Melville Leonard Edelstein ermordet, ein jüdischer Soziologe, der in Soweto arbeitete und von daher wahrscheinlich Verständnis hatte für die sozialen und politischen Bedürfnisse des schwarzen Volkes. Seine Arbeit rettete ihn nicht vor der Wut der Schwarzen.

Das Vertrauen war zerbrochen. Es folgte ein Schock dem nächsten, die Polarisierung zwischen den schwarzen und den weißen Kommunen wurde immer schärfer. Der Ruf der weißen Kommunen nach Gesetz und Ordnung führte zur Besetzung schwarzer Townships durch südafrikanische Verteidigungstruppen. Wahllos wurden Straßenblockaden und demütigende Hausdurchsuchungen durchgeführt. Schwarze Führer und ihre Anhänger gingen ins Exil.

Familien lebten jeden Tag in Angst und Schrecken. Panik brach jedesmal aus, wenn ein Mensch nicht zur vereinbarten Zeit nach Hause kam; oft klapperten Familien Leichenhallen, Polizeistationen und Krankenhäuser ab, wenn sie nicht wußten, was aus ihren Lieben geworden war. Es war ein täglicher Kampf, nicht von der eisernen Faust der Militärbesetzung zermalmt zu werden oder in Bitterkeit zu versinken.

176 Tote gab es in den ersten Wochen; die Beerdigungen fanden meistens an den Wochenenden statt. Die Regierung hatte Angst vor großen Menschenmassen und verbot für eine Weile alle Wochenend-Beerdi-

gungen und Massenveranstaltungen. Nur eine festgesetzte Zahl von Menschen durfte an den erlaubten Beerdigungen teilnehmen.

Die Schwarzen weigerten sich, sich an die Einschränkungen zu halten. Die Masse von Teilnehmern an den Beerdigungen zeigte das Ausmaß, in dem die Stimme der Schwarzen unterdrückt worden war.

Die Regierung reagierte darauf, indem sie zu jeder Beerdigung eine große Anzahl von Polizisten und Soldaten in Tarnanzügen schickte. Gab es die leisesten Anzeichen einer politischen Rede, gaben sie der Menge den Befehl, die Versammlung aufzulösen. Bei jeder Beerdigung wurden mehr Menschen erschossen. Also gab es immer mehr Beerdigungen.

Bei einer dieser Beerdigungen in Doornkop, Soweto, passierte folgendes: Eine Menge von ungefähr 7.000 Menschen drängte sich um das Grab eines jungen Mannes, der in der Haft an inneren Blutungen gestorben war – ein Opfer der Brutalität der Polizei während der Verhöre. Die Leute sangen Freiheitslieder, als die Polizei in großen Armeelastwagen anrückte, die sie außerhalb des Friedhofszaunes parkte, um damit den Friedhof vom Rest des Townships zu trennen. Ein Polizist trat vor und rief – ohne Megaphon – nach dem Vater des Jungen. Er sagte, er wolle ihn auffordern, die Menge zum Gehen zu bewegen. Er rief: „Ich will den Vater! Wo ist der Vater?" Diejenigen, die am Rand standen, wurden unruhig, und einige von ihnen hoben Steine auf. Mehrere Zeitungsreporter baten die Leute, ruhig zu bleiben und keine Steine zu werfen. Sie wußten: wenn die Polizei das Feuer eröffnen würde, gäbe es ein Massaker. Der Polizist rief wieder: „Wo ist der Vater?" Aber wie sollte ihn der Vater inmitten einer Menge von 7.000 Menschen hören können?

Schließlich forderte der Beamte uns auf, die Versammlung aufzulösen. Dreimal sagte er: „Zerstreut euch oder wir schießen." Es war wie ein Alptraum. Beim dritten Mal eröffneten sie das Feuer.

Bis heute weiß ich nicht, wie ich von dort weggekommen bin, ohne erschossen zu werden. Als sie das Feuer eröffneten, rief ich Chumi zu: „Lauf!" Am sichersten war es, in unseren geparkten Wagen zu flüchten und dort zu bleiben. Ich dachte, auf geparkte Autos würden sie nicht schießen. Aber in dem Moment begann mein Vater, der die ganze Zeit neben mir gestanden hatte, zu hinken und fiel gegen mich. Halb zog ich, halb trug ich ihn zu dem Kleinbus. Ich hatte keine andere Wahl, ich mußte einfach immer weitergehen trotz des Gewehrfeuers um uns herum. Zu meinem Vater sagte ich: „Wenn sie uns jetzt erschießen, ist es aus."

Es schien eine Ewigkeit zu dauern, bis wir den Wagen erreicht hatten. Als wir dort ankamen, war Chumi nicht zu finden. Ich guckte über meine Schulter zurück und sah, daß sie auf der Flucht vor den Gewehrkugeln hingefallen war.

Sie lag regungslos auf dem Boden, und ich war sicher, daß sie erschossen worden war.

Ich lief zurück, um sie aufzuheben. Ihr Kleid war zerrissen, und sie hatte ihre Uhr und ihre Schuhe verloren, aber sie war unverletzt. Zusammen kletterten wir in den Kleinbus. Im gleichen Augenblick fuhr der Wagen neben uns, ein britischer Triumph, mit Vollgas los. Ein Polizist schrie: „Da fahren ihre Anführer!" Sofort wurde das Feuer eröffnet und alle Insassen erschossen. Sie durchlöcherten den Wagen mit ihren Kugeln, so daß das ganze Gefährt in Stücke gerissen wurde.

Wir warteten, bis alles vorbei war, dann stiegen wir aus. Ich fragte einen der Polizisten, ob ich einige von den Verletzten ins Krankenhaus bringen könnte.

„Nein", sagte er.

„Bitte, diese Menschen werden verbluten."

„Nein", antwortete er, dieses Mal wesentlich schärfer. Dann besann er sich plötzlich anders. „Okay, wenn du deinen Wagen mit Blut vollschmieren willst, nimm sie mit."

Wir fuhren ungefähr fünfzehn Verletzte ins Baragwanath Krankenhaus. Als wir dort ankamen, waren bereits drei von ihnen gestorben. Im Krankenhaus trieb sich eine Reihe von Zeitungsreportern herum, die auf Informationen warteten, und ich wurde sofort ausführlich von dem Reporter des „Star" interviewt, einem liberalen Blatt der Weißen. Später, zu Hause, machte ich die Türen des Kleinbusses auf und photographierte das Blut auf dem Boden.

Ich konnte die ganze Woche nicht schlafen. Immer mußte ich an das Grauen denken, das ich an jenem Tag erlebt hatte. Ich sprach mit anderen Gemeindeleitern und beschloß, dem Polizeiminister ein Tonband zu schicken, auf dem ich detailliert beschrieb, was geschehen war. Ich sagte dem Minister, daß es völlig unnötig gewesen war, das Feuer auf diese unbewaffneten Menschen zu eröffnen, und daß die Wiederholung eines solchen Blutbades nur zu vermeiden wäre, wenn die Sondereinheit der Polizei entwaffnet werden würde. „Wenn sie wirklich Waffen brauchen", so schlug ich dem Minister vor, „dann gebt ihnen Tränengas und Plastik'schilde, um die Steine abzuwehren." Ich sprach aus der tiefen, christlichen Überzeugung heraus, daß das, was da vor sich ging, falsch war. Es war ein Massaker an Unschuldigen gewesen, und meiner Meinung nach würden die Ereignisse dieses Tages die Gewalt schüren, selbst wenn alle Beerdigungen verboten würden.

Das Band wurde mir irgendwann zurückgeschickt mit der deutlichen Drohung: „Hüte dich davor, Staub aufzuwirbeln. Sonst könnten einige von den jungen Offizieren etwas Unbedachtes tun." Ich sollte also meinen Mund halten.

Mein Interview im Krankenhaus mit dem „Star" wurde veröffentlicht. Die Geschichte war so überarbeitet, daß ich meine Angaben gegenüber dem Reporter nicht wiedererkannte. Offensichtlich hatten die Herausgeber den Artikel stark zensiert.

Es war unglaublich, was in Südafrika mit uns gemacht wurde, und ich begann zu verstehen, wie normale, friedliebende Menschen zu Radikalen werden konnten. Diejenigen, die an gewaltfreie und schrittweise zu erreichende Lösungen für die Probleme in Südafrika glaubten, konnten ihre Position kaum noch rechtfertigen. Sie lernten schließlich mit der Gewalt zu leben und sahen ein, daß sie vielleicht die einzige Sprache war, die unsere Unterdrücker verstanden.

Kaum einer blieb verschont von der Welle der Gewalt. Fast jede Familie war in irgendeiner Weise betroffen, und alle forderten Vergeltung. Auch ich selbst war so wütend und verletzt, daß ich am liebsten ein Maschinengewehr genommen und alle Weißen um mich herum erschossen hätte. Tatsächlich hätte ich ein paar Tage nach dem Massaker auch fast einen Mann getötet.

Ein weiterer Protestmarsch gegen die Regierung war organisiert worden. Ich wußte nichts davon und fuhr mit dem Minibus von Youth Alive durch die Gegend. Unterwegs sah ich plötzlich eine große Menge von ungefähr 300 Schülern in Richtung Orlando-West-Hochschule gehen. Quer auf der Straße, mitten auf dem Weg der Demonstranten, parkte ein Polizeiwagen. Ein Gewehr in der Hand, stand ein Polizist auf dem Dach des Wagens. Ich hatte schon viel von ihm gehört, er war bekannt dafür, schnell mit dem Finger am Drücker zu sein. Ich sah sofort, daß er vorhatte, mitten in die Menge der Jugendlichen hineinzuschießen.

Blitzschnell dachte ich nach. Ich konnte ihn mit dem Minibus in Sekundenschnelle umfahren und töten. Und ich war auch fest entschlossen dazu. Meine Wut war groß genug, und ich fühlte mich wirklich berechtigt, das Gaspedal bis hinten durchzutreten. Chumi saß neben mir, und sie wußte, was ich dachte. Instinktiv sage sie: „Nicht", und ich trat auf die Bremse.

Der Polizist sah uns sofort. Er sah die Wut in meinen Augen, und ihm war direkt klar, daß ich den Kleinbus als Mordwaffe hätte benutzen können. Ohne ein Wort zu sagen, sprang er in seinen Wagen und raste davon.

Zu sehen, daß dieser Mann bereit war, schutzlose Schulkinder zu töten, löste Wut und Bitterkeit in mir aus. Wenn ich nicht so einen starken Glauben gehabt hätte, hätte diese Bitterkeit in mir die Oberhand gewinnen können. Tatsächlich habe ich vor ihr immer noch am meisten Angst. Ich muß jeden Tag darum beten und in solchen Momenten sagen: „Bitte, Herr, bewahre mich auch heute vor Bitterkeit. Bewahre mich auch heute vor irrationalem Haß. Laß mich zornig sein, laß mich tiefen Ekel und große Verachtung für meine Lage empfinden, aber bewahre mich davor, zu verbittern." Wenn man verbittert, wird man irrational – und dann handelt man auch irrational. Manchmal frage ich mich, wie lange ich noch standhalten kann, und wundere mich über mich selbst. Aber ich glaube, bevor ich den Weg der Verbitterung ginge, würde ich dieses Land – mein Heimatland – verlassen, denn ich weiß, wenn ich einmal verbittert bin, bin ich nutzlos für Gott und nutzlos für mein Volk.

12
Studentenunruhen

Weil weiße Missionare die schwarze Bevölkerung für Diebe, Faulpelze, Sex-besessene und ähnliches hielten, und weil alles, was Wert hatte, gleichbedeu-tend war mit weißer Hautfarbe, sehen unsere Geistlichen und durch sie unse-re Kirchen all die oben genannten Eigenschaften nicht als Resultat der Grau-samkeit und Ungerechtigkeit, mit der der weiße Mann uns unterdrückt, son-dern als deutlichen Beweis dafür, daß die Weißen doch recht haben, wenn sie uns als Wilde beschreiben. Wenn also das Christentum, schon als es nach Afrika gebracht wurde, verfälscht war durch Ansichten, durch die es zur idea-len Basis für die Kolonisierung fremder Völker wurde, dann ist es in seiner heutigen Interpretation die ideale Religion, um dieselben Völker weiter un-terdrücken zu können.

Steve Biko, „The Church As Seen by a Young Layman"

Während meiner theologischen Studien in den Vereinigten Staaten mußte ich mich mit den Gedanken und Worten von Steve Biko, einem jungen südafrikanischen Anführer der „Bewegung des Schwarzen Be-wußtseins", auseinandersetzen.

Es gab damals eine Reihe von schwarzen Führungspersönlichkeiten, die mein Denken über Religion und Spiritualität radikal beeinflußten. Viele dieser Führer bezahlten ihre Überzeugungen mit dem Leben, und ihre Bewegungen wurden Ende der siebziger Jahre von der südafrikani-schen Regierung verboten.

Bikos Ansicht nach war Religion sinnlos, wenn sie die Menschen nicht lehrte, daß Unterdrückung eine Sünde ist. Für ihn war es wichtig, daß man seine eigene Unterdrückung nicht duldete oder zu ihr beitrug oder auch tatenlos zusah, wie Brüder und Schwestern unterdrückt wurden. Männer wie Barney Pitjana, ein anglikanischer Geistlicher, drückten aus, welche theologische Bedeutung die von Biko vertretenen Gedan-ken der Bewegung des Schwarzen Bewußtseins hatten. Eine solche Re-aktion auf die Krise in Südafrika mußte meiner Ansicht nach auch aus meinem, dem evangelikalen Lager kommen.

Schneller, als ich dachte, bekam ich Gelegenheit, meine Meinung zu sa-gen. 1974 wurde ich eingeladen, auf einer Konferenz der Student Chri-stian Movement (SCM) zu evangelischen Studenten in Südafrika zu sprechen. Die alljährlich stattfindende Konferenz wurde in Moriya abgehalten, auf einem der Römisch-Katholischen Kirche gehörenden Anwesen in Lesotho.

Die SCM war eine Abspaltung der Student Christian Association (SCA), einer der erfolgreichsten christlichen Studentenorganisationen ihrer Zeit. Schon vor 1965 vereinigte die SCA alle Rassen in sich und verband die Studenten miteinander. Ein Studentenführer namens Andries Treuernicht beschloß jedoch, daß es für Schwarze, Weiße, Inder und Farbige nicht gut sei, derselben Organisation anzugehören. Seine Aktionen führten zu einer Spaltung der SCA, aus der getrennte Studentenbewegungen für Afrikaander, Schwarze, Farbige, Inder und englischsprechende Weiße hervorgingen. So entstand die SCM, die Studentenbewegung der Schwarzen.

An der Konferenz von 1974 nahmen mehrere Männer teil, die später bekannte Führer im Kampf der Schwarzen für politische Rechte in Südafrika werden sollten; so zum Beispiel Cyril Ramaphosa, Generalsekretär der „Nationalen Bergbaugewerkschaft"; Lybon Mabaso, Gründer und Präsident der „Azanian Peoples Organization"; Griffith Zabala von der „Self-Help and Development Economics"; und Frank Chikane, Generalsekretär des „Instituts für Kontextuelle Theologie" und später Generalsekretär des Südafrikanischen Kirchenrates.

Die Konferenz wurde komplett von Studenten organisiert und durchgeführt, weil man sich den Luxus bezahlter Helfer nicht leisten konnte. Dadurch war es aber auch möglich, ein Programm auszuarbeiten, das sich direkt mit den Themen befaßte, die die Bewegung des Schwarzen Bewußtseins an den verschiedenen Hochschulen beschäftigten.

Auf dieser Veranstaltung gelangten Steve Bikos Reden und Schriften zur Geltung und bekamen großen Einfluß auf die zukünftige Haltung christlicher schwarzer Universitätsstudenten. Vor dem Hintergrund der bestehenden Spannungen zwischen den Rassen, die überhaupt erst zur Bildung der SCM geführt hatten, enthielten Diskussionen über die Beziehung zwischen schwarzen und weißen Studenten einigen Sprengstoff.

Meine Aufgabe auf der Konferenz war die Leitung von Diskussionen und Bibelarbeiten über die Bedeutung des Evangeliums für Themen wie Schwarzes Bewußtsein, Anwendung von Gewalt im Kampf um die Freiheit und die schwierige Aufgabe der Versöhnung.

Das Schwerpunktthema war die Versöhnung. Wir evangelikalen Christen waren nicht nur in rassische Splittergruppen zerfallen, wir waren selbst innerhalb der SCM zerstritten, wenn es darum ging, wie man am besten gegen die Unmenschlichkeit der Apartheid ankommen konnte.

Die fehlende Einheit wurde uns schon am ersten Tag der Konferenz schmerzlich ins Bewußtsein gerufen: Wir mußten eine Situation meistern, in der es fast zu gewaltsamen Ausschreitungen gekommen wäre. Unter den Teilnehmern wurde ein Regierungsinformant von der Schwarzen Universität in Fort Hare entdeckt. Seine Gegenwart traf alle Anwesenden an einem besonders empfindlichen Punkt und teilte die Masse in zwei Lager, Wut und Ärger auf beiden Seiten.

Einige wollten ihn tatsächlich töten. Andere meinten, daß das wohl kaum eine angemessene Reaktion für Leute war, die sich Christen nannten.

Bevor wir entscheiden konnten, was zu tun war, mußten erst die beiden Fraktionen zusammengebracht werden. Den größten Teil des Abends verbrachten wir damit, die Studenten zu beruhigen, um eine Diskussion überhaupt möglich zu machen. Es war eine Gratwanderung, die böse enden konnte.

Als schwarzer Führer wurde ich gebeten, mich als erster zur Situation zu äußern – eine ungemein schwierige Aufgabe. Einerseits lag mir viel an Gerechtigkeit. Andererseits wollte ich nicht für eine Lynchjustiz verantwortlich sein. Ich betete verzweifelt und bat Gott, mir die Weisheit zu geben, was ich sagen sollte – und vor allem, wie ich es sagen sollte. Ich wollte der Heiligen Schrift treu bleiben in meiner Rede, und ich wußte, daß das Leben eines Menschen an einem seidenen Faden hing.

Als es dann soweit war, stellte ich mich vor die versammelte Menge und bat um Ruhe. Ich öffnete meine Bibel an der Stelle des Johannesevangeliums, die den Tod Christi beschreibt. Zehn Minuten lang sprach ich über den Weg des Kreuzes. Ich erzählte meinen Zuhörern von der Verwundbarkeit Jesu angesichts des Verrates, der an ihm begangen werden sollte, und von seiner Bereitschaft, dem Willen seines Vaters gehorsam für das zu sterben, von dem er glaubte, daß es die Wahrheit war.

Da wir fest daran glaubten – so sagte ich –, daß es die Wahrheit war, in deren Namen wir alle diese Konferenz abhielten, war es eigentlich nicht wichtig, was irgendein Informant zu berichten hatte. Die Apartheid würde das letzte Wort behalten, wenn unsere Generation nicht Leiden und sogar Verrat auf sich nähme für das, was unserer Überzeugung nach Gottes Maßstäbe für Gerechtigkeit und Rechtschaffenheit sind. Wir müßten unser Kreuz in Treue tragen. Erst dann stünden wir in der Nachfolge der Leiden Jesu Christi.

Ich sagte ihnen, daß Gewalt immer noch mehr Gewalt nach sich ziehen würde; wer einmal ins Rutschen geriete auf diesem steilen Gelände, könne nicht so leicht wieder anhalten. Rache und Vergeltung würden Gewalt nach sich ziehen, und die Folge wäre wieder der Tod vieler Menschen.

Ich setzte mich und wartete ängstlich auf die Reaktion der Studenten. Im Innersten meines Herzen wußte ich, daß es richtig war, was ich gesagt hatte. Es lag allein in Gottes Hand, ob meine Worte auf fruchtbaren Boden fielen.

Die gesammelte Zuhörerschaft stand auf und applaudierte. Eine eigenartig gehobene Stimmung machte sich breit in mir, und eine große Ruhe kam über mich. Das Leben hatte gesiegt über den Tod. Der Informant würde am Leben bleiben. Aber er war öffentlich bloßgestellt worden und verließ bald darauf die Konferenz.

Eigentlich hatten wir an diesem Abend noch über andere wichtige Aspekte der Gewalt reden wollen: Wir wollten beschließen, wie man Hilflose und Machtlose auf legitime Weise verteidigen konnte, und wir wollten entscheiden, was wir angesichts von Schikanierung und Quälerei tun und wie wir handeln sollten. Aber wir alle waren zu betroffen von dem, was passiert war, und entschieden uns fürs erste einfach nur gegen Gewalt überhaupt.

Der Riß, der mitten durch die evangelischen Christen ging, war nur ein Abbild der Spaltungen, die den gesamten südafrikanischen Kontext prägten. Mein Herz brannte nach Versöhnung, und ich wußte, daß sie möglich war, wenn wir nur an das Evangelium Jesu Christi glaubten und ihm nachfolgen würden.

Jesu Gebet um die Einheit seiner Jünger wurde auch zu meinem inständigsten Gebet. Ich sehnte mich unendlich nach dieser Einheit. Und wahre Versöhnung wäre niemals durch Gewalt zu erreichen. Eine politische Ordnung kann nicht das Herz eines Menschen verwandeln. Nur die wandelnde Kraft des Heiligen Geistes kann Südafrika verändern.

13
Entscheidung für den ANC und Gefangennahme

Mein Bruder George, der vierte von sieben Brüdern, ist ein sehr intelligenter Mann. Mehr als alles in der Welt wünschte er sich, Journalist zu werden. Aber seine Träume sollten nie in Erfüllung gehen. Keine der Arbeitsstellen, die er annahm, brachte ihn diesem Ziel näher. Jedesmal war er frustriert über die unterdrückerische Politik der Apartheid, die sich auch am Arbeitsplatz bemerkbar machte.

Irgendwann kam er zu der Erkenntnis, daß es ihm durch die Einschränkungen der Regierung niemals möglich gewesen wäre, seine Ideale von Wahrheit und Genauigkeit in der Berichterstattung zu verwirklichen, selbst wenn er Journalist geworden wäre.

Mitte der siebziger Jahre gab es ausschließlich weiße Zeitungsverleger, und ihre Redaktionsarbeit spiegelte ihre regierungsnahe Haltung in der Rassenpolitik wider. Dazu kam, daß Schwarze nicht über die Mittel verfügten, um eine alternative Presse auf die Beine zu stellen. Deshalb brauchte die Regierung auch keine strenge Zensur durchzuführen; die weiße Gesellschaft, in deren Interesse die Apartheid aufrechterhalten wurde, war Kontrolle genug.

Anfang der achtziger Jahre begann sich der Druck der restlichen Welt auf Premierminister Botha auszuwirken, und es entstanden alternative Medien in Südafrika. Von da an konnte sich die Regierung nicht mehr auf die unaufgeforderte Unterstützung der weißen Presse verlassen; die Ereignisse im Land bargen zuviel Sprengstoff, um – selbst von der weißen Presse – aufgedeckt werden zu dürfen.

Dazu kam noch, daß die schwarze Bevölkerung immer mehr Zugang zu Publikationen aus Übersee bekam. Wenn die ausländischen Medien wichtige Ereignisse veröffentlichten, sprachen sie sich – besonders wenn es sich um Konflikte im Land handelte – oft gegen die südafrikanische Regierung und gegen die regierungsfreundliche Presse aus.

Die Wahrheit über die Aufstände, die Brutalität der Polizei, die Einschränkungen und das Verbot von Veröffentlichungen und unliebsamen politischen Aktivitäten konnte nur verdeckt werden, wenn die Regierung entschiedene Maßnahmen ergriff. Das tat sie.

Sie erklärte jegliche Berichterstattung von in Südafrika lebenden Journalisten über Ereignisse, die die nationale Sicherheit betrafen, sowohl in südafrikanischen als auch in ausländischen Zeitungen für illegal, wenn sie nicht von der Polizei freigegeben worden war. Diese Maßnahmen brachten so viele Einschränkungen mit sich, daß viele Journalisten sich gezwungen sahen zu protestieren. Nachrichtenreporter schlossen sich zusammen und forderten ihr Recht, das zu veröffentlichen, was sie als die Wahrheit ansahen.

Die „Rand Daily Mail", eine liberale weiße Zeitung, versuchte erfolglos, die Forderungen der neuen Vereinigungen zusammenzubringen. Zwar war sie unter den gebildeten Schwarzen sehr verbreitet, doch ihre weiße Leserschaft ging so sehr zurück, daß die Zeitung zumachen mußte. Eine tragische Geschichte, die aber bezeichnend war für die Feindseligkeit, die viele Weiße den Schwarzen gegenüber empfanden. Daß sie fähig waren, eine Zeitung zum Schließen zu zwingen, indem sie Werbung und Verkauf boykottierten, zeigte aber auch die enorme Macht einer von den Weißen kontrollierten Wirtschaft.

Jedesmal, wenn in Südafrika ein „Ausnahmezustand" ausgerufen wurde, bekamen zuallererst die Zeitungen den Druck der Regierung zu spüren. Ihren Höhepunkt erreichte die Unterdrückung 1986, als die Regierung den Verlegern tatsächlich die Pflicht auferlegte, selbst Zensur zu üben; weigerten sie sich, sollten sie der eisernen Faust der Zensurbehörde zum Opfer fallen.

Mein Bruder George gab schon auf, als der Kampf um die Pressefreiheit sich noch im Anfangsstadium befand. Mitte der siebziger Jahre arbeitete er kurze Zeit als Zeitungsphotograph und reiste mit einem der bekanntesten Journalisten Südafrikas, Doc Bikitsha, herum. Aber George hielt die der Presse auferlegten Einschränkungen nicht aus, er gab seinen Traum, Journalist zu werden, auf. Die Regierung würde nicht zulassen, daß er über sein Hauptanliegen berichten würde: über das Leiden seines Volkes unter der Unterdrückung. Sein Herz brannte, und er sehnte sich danach, seinem Seelenschmerz und dem seines Volkes Ausdruck zu verleihen. Aber die endlose Flut von Einschränkungen trieb ihn in die Enge und machte ihn bewegungsunfähig.

Nachdem er also seinen Traum aufgegeben hatte, lebte George zwei Jahre lang im völligen Elend, wechselte von einem Job zum nächsten und war unglücklich bei allem, was er tat. Der Grund war immer derselbe: Er konnte sich nicht abfinden mit der überlegenen Haltung seiner weißen Arbeitgeber.

Im Jahr 1977, als ich mit den tiefen Wahrheiten der Heiligen Schrift rang und dabei war zu lernen, Gottes Maßstäbe von Gerechtigkeit und Recht auf das Südafrika der Schwarzen anzuwenden, kam mein Bruder zu dem Schluß, daß seine einzige Chance, vorwärts zu kommen, im gewaltsamen Sturz der weißen Regierung lag. Er arbeitete in diesem Jahr als Lastwagenfahrer für eine Verlagsgesellschaft der Afrikaander in Johannesburg, für die er nationalistische Zeitschriften verteilte. Mit dem Lastwagen konnte er Rekruten des Afrikanischen Nationalkongresses von Johannesburg zur Grenze nach Botswana fahren, wo sie eine Ausbildung als Untergrundkämpfer erhielten. Die meisten dieser Rekruten waren Teenager, die in Aufstände verwickelt gewesen und dadurch mit der Polizei aneinandergeraten waren. Um der Festnahme, Folter und Gefängnisstrafe zu entgehen, verließen sie das Land auf illegalen Wegen. Es war eine sehr gefährliche Angelegenheit, sowohl für die Rekruten als auch für die, die ihnen halfen.

George wußte die weißen Soldaten an den Straßensperren clever zu täuschen, indem er ihnen ein kostenloses Exemplar der Zeitschrift aus seinem eindeutig gekennzeichneten Lastwagen anbot. Sie ließen ihn daraufhin die Grenze nach Botswana passieren, ohne den Wagen zu kontrollieren. Mein Bruder vermied sorgfältig, über diese Touren zu sprechen, denn überall lauerte Gefahr. Die Fahrer wußten nie sicher, wo und wann die nächste Patrouille oder Straßenkontrolle auf sie wartete. Jedesmal, wenn sie auf einen Soldaten trafen oder für eine Kontrolle anhalten mußten, konnten sie verhaftet werden. Manchmal hatte George bei diesen Fahrten in seinem Lastwagen bis zu fünfzehn ANC-Rekruten unter Stößen von Zeitungen versteckt.

Nachdem er mehrere Monate lang erfolgreich Rekruten nach Botswana gefahren hatte, mußte er aufgeben: Die Sicherheitskräfte der südafrikanischen Regierung hatten Kenntnis von seinen Aktivitäten bekommen. Zwei Monate zuvor war einer seiner Journalistenfreunde, Aicken Ramudzuli, in Haft genommen worden, und man hatte ihm bei wiederholter Folter Informationen über Georges geheime ANC-Aktivitäten abgerungen.

Ramudzulis Eröffnungen zogen auch den Tod von Nicholas nach sich. Nicholas war Lehrer in Soweto und ein Freund von George. Er hatte eine Schlüsselposition unter den ANC-Aktivisten inne und wußte gut Bescheid über das Netzwerk der Rekrutierungen. Als die Polizei kam, um ihn zu verhaften, weigerte er sich mitzugehen. Er starb bei der Schießerei, die daraufhin in seinem Zimmer in Soweto stattfand, aber nicht ohne vorher selbst mehrere Polizisten erschossen zu haben.

Vor seinem Tod aber hatte er George, der zu der Zeit irgendwo zwischen Johannesburg und der Grenze zu Botswana unterwegs war, eine Botschaft zukommen lassen: „Komm nicht zurück. Verlaß sofort das Land. Unsere Aktivitäten sind aufgedeckt." Es war kaum zu glauben, aber die Botschaft erreichte George. Noch in derselben Nacht floh er über die Grenze nach Botswana. Alle Hoffnung darauf, einen nennenswerten Beitrag zur Politik der Schwarzen zu leisten, war dahin, er wurde selbst zum ANC-Flüchtling und mußte sich auf ein permanentes Exil außerhalb seines geliebten Landes einstellen.

In Botswana trat er dem ANC offiziell bei und wurde in Methoden der Untergrundarbeit und Sabotage ausgebildet. Er bekam die Aufgabe, ein Untergrund-Netzwerk des ANC in der Witwaterstrand-Region aufzubauen, und unternahm von Swaziland aus immer wieder kurze Exkursionen nach Südafrika.

Ich erfuhr von Georges Exkursionen ins Land, als ich zusammen mit anderen Mitgliedern des Exekutivkomitees von Youth Alive bei einer Straßenblockade etwa 30 Kilometer vor der Grenze nach Swaziland angehalten wurde. Die Sicherheitskräfte erkannten meinen Nachnamen im Paß wieder und vermuteten, daß ich entweder Kontakt zu George hatte oder sogar einer der Kanäle war, die von der Befreiungsorganisation benutzt wurden.

Mit mir im Auto fuhren Cyril Ramaphosa, ein aufstrebender junger Anwalt, der bereits viele Gewerkschaftsfälle verteidigt hatte und Vorstandsvorsitzender von Youth Alive war, sowie Phillip Nkabinde, Direktor einer Schule und Generalsekretär der Allianzkirche, einer Kirche, die viel in Mosambik arbeitete. Das erhöhte das Mißtrauen der Sicherheitskräfte noch. Sie forderten Verstärkung an, weil sie meinten, wir seien eine Bedrohung, mit der sie allein nicht fertig würden. Es folgten mehrere Stunden intensiven Verhörs und eine genaue Durchsuchung des Wagens. Unglücklicherweise hatte Phillip Nkabinde einige Dokumente über die Arbeit der Allianzkirche in Mosambik dabei. Das weckte Verdacht, denn der ANC hatte dort eine Basis, die als Sprungbrett für militärische Exkursionen nach Südafrika benutzt wurde. Jeder Schwarze mit intensiveren Kontakten zu Mosambik wurde verdächtigt, für den ANC zu arbeiten. Auch ich war verdächtig, weil in meiner Akte verschiedene Vorträge an der Wits-Universität vermerkt waren, in denen ich das Thema Haftgesetze angesprochen hatte. Die Universität hatte mich gebeten, über dieses Thema zu sprechen, weil ich für Youth Alive arbeitete und viele junge

Leute traf, die diese demütigenden Gesetze am eigenen Leib erfahren hatten.

Die Polizei an der Straßensperre dachte, sie hätte einen großen Fang gemacht. Freudig erregt über ihren Erfolg meinten sie, endlich das Verbindungsglied zu George und dem ANC entdeckt zu haben. Tatsächlich aber wußte ich gar nichts über George und seine Aktivitäten für den ANC. Er war immer darauf bedacht gewesen, mich, meine Familie und meine Arbeit bei Youth Alive in keiner Weise zu gefährden.

Ein einziges Mal war er zu mir nach Hause gekommen, und zwar an dem Abend, an dem meine Mutter ins Koma fiel. Er war beunruhigt, weil er wußte, daß sie krank war, und er wollte sie sehen, bevor sie starb. Gleichzeitig stand er aber unter dem Druck, Südafrika noch in derselben Nacht verlassen zu müssen, weil der Paß, den er benutzte, um Mitternacht auslaufen würde. In jener Nacht half ich ihm, wieder nach Swaziland zurückzukehren. Wir benutzten jeden Schleichweg, den ich zwischen Johannesburg und der Grenze zu Swaziland kannte. Neun Stunden waren es zur Grenze und zurück – und es war eine überaus gefährliche Reise, denn wir wußten nie, ob uns nicht plötzlich eine Patrouille anhalten würde. Als wir uns voneinander verabschiedeten, war ich nicht sicher, ob, wann und wo ich meinen Bruder jemals wiedersehen würde. Zurück zu Chumi fuhr ich während der wenigen Stunden, in denen die Straßen für den Verkehr offen waren. Völlig erschöpft fiel ich ins Bett, aber ich war froh zu wissen, daß George sicher über die Grenze gekommen war. Unsere Mutter starb bald darauf.

Die Polizei bei der Straßenblockade konnte nichts über uns in Erfahrung bringen. Sie ließen mich und meine Freunde frei, aber dies war nicht das letzte Mal, daß Georges Aktivitäten für den ANC direkte Auswirkungen auf meine Familie hatten.

Am 16. Dezember 1979 wurde George von der Spezialeinheit des südafrikanischen Sicherheitsdienstes (SSB) in Haft genommen. Bei einem der grenzüberschreitenden Überfälle der südafrikanischen Verteidigungskräfte in Mosambik wurde die regionale Basis des ANC angegriffen und Dokumente konfisziert, in denen sämtliche ANC-Mitarbeiter innerhalb Südafrikas aufgelistet waren. Auch Georges Name und seine Aktivitäten waren aufgeführt. Sie mußten nur noch jemanden finden, der George identifizieren konnte – und so jemanden hatten sie. Einem SSB-Beamten war es gelungen, sich in den ANC einzuschleusen. Er kannte unsere Familie und konnte George leicht identifizieren.

Verhaftet wurde mein Bruder in der Nähe des Hauses von Verwandten.

Auf seine Gefangennahme folgten viele Monate von Verhören, Folter und Einsamkeit. Um seinen Aufenthaltsort geheimzuhalten und ihn psychisch aus dem Gleichgewicht zu bringen, brachte die Polizei ihn von einem Gefängnis zum anderen. Weder er selbst noch seine Familie wußte, wann er sich wo befand.

Chumi und ich erfuhren von Georges Inhaftierung, als es morgens um zwei Uhr laut an unserer Haustür klopfte. Wir sprangen aus dem Bett, um vorsichtig aus dem Fenster zu sehen – und blickten in das grelle Licht von Scheinwerfern, die uns direkt in die Augen schienen. Wir sahen vier vor unserem Haus parkende Fahrzeuge umgeben von bewaffneten Sicherheitsbeamten und wußten sofort, daß es Ärger gegeben hatte. Es dauerte einige Minuten, bis ich mein künstliches Bein angeschnallt hatte. Das Hämmern an der Haustür wurde lauter. Kaum hatten wir die Tür geöffnet, als auch schon jeder Raum des Hauses von zwei Polizisten besetzt war. Ich wurde zurück ins Schlafzimmer gerufen, wo Chumi voller Angst auf dem Bett saß. Die Beamten befahlen mir, mich anzuziehen, und nahmen mich mit. Ich versuchte herauszufinden, wohin sie mich bringen wollten, bekam aber zu hören, daß mich das nichts anginge. Bevor ich ging, konnte ich meiner Frau gerade noch sagen, daß sie Cyril Ramaphosa benachrichtigen sollte. Als ich aus dem Schlafzimmer eskortiert wurde, sah ich, daß sie das ganze Haus gründlich durchsucht hatten; Papiere und Bücher lagen überall auf dem Boden verstreut.

Man zerrte mich hinaus in die Nacht und fuhr mich nach Protea, einer Zentrale der örtlichen Sicherheitsbehörde im westlichen Teil von Soweto. Ich hatte keine Ahnung, ob ich Chumi und unseren ersten Sohn, Lebogang, je wiedersehen würde. Dazu kam noch, daß Chumi unser zweites Kind erwartete und die Schwangerschaft sich schon ihrem Ende näherte. Ich hatte Angst, daß der Schock dieser nächtlichen Ereignisse eine Fehlgeburt auslösen könnte. Gott sei Dank geschah das nicht.

Vom Protea-Hauptquartier der Polizei wurde ich zur Sunnyside-Polizeistation in Pretoria gebracht und dort in eine Zelle gesteckt. Ich sollte George mit meiner Aussage belasten und ihnen so Beweismaterial für seine Kriminalität liefern. Ich wurde mit den Sabotageakten meines Bruders in Verbindung gebracht, und hätten sie das beweisen können, wäre ich zum Komplizen erklärt worden und hätte eine lange Gefängnisstrafe verbüßen müssen.

Da die Polizei mir kein Geständnis entlocken konnte, versuchte sie es auf andere Weise: ich sollte als Kronzeuge gegen meinen Bruder aussagen und ein Schriftstück unterschreiben, in dem George zum Mitwirkenden an einem vor kurzem durchgeführten Bombenanschlag auf die Orlando-East-Polizeistation erklärt wurde. Sie drohten mir damit, daß eine Weigerung einer Mißachtung des Gerichtes gleichkäme. Als Kronzeuge gegen meinen Bruder auszusagen wäre jedoch die allerschlimmste Art von Verrat gewesen. Ich hätte George nie wieder ins Gesicht sehen können, und man hätte mir in der schwarzen Gesellschaft nie wieder vertraut. Nachdem sie mich zwei Wochen lang andauernd verhört und bedrängt hatten, ließen sie mich gehen. Was mich vermutlich vor der körperlichen Folter bewahrte, war die Tatsache, daß Dr. David Bosch, Professor für Missionswissenschaften an der Südafrika-Universität (UNISA), sich für mich einsetzte. Er forderte, daß ich einen Anwalt und einen Arzt bekäme. Gleichzeitig wurde von den „Alten Herren" der Studentenverbindung der Wheaton Universität in Illinois, die mich kannten, eine Telegramm-Kampagne gestartet. In Telegrammen an den Polizeiminister forderten sie immer wieder, mich entweder rechtmäßig anzuklagen oder freizulassen. Ich glaube, daß dieser internationale Druck meine Vernehmungsbeamten davon abhielt, Gewalt anzuwenden.

Während der nächsten Wochen nahm die Polizei meine sämtlichen Brüder, einen nach dem anderen, für ein paar Stunden in Gewahrsam, um sie zu verhören. Aber die Bemühungen der Polizei, George irgend etwas anzuhängen, schlugen fehl. Sie ließen schließlich alle meine Brüder gehen. Die zwei Wochen, die ich im Gefängnis verbracht habe, werde ich jedoch nie vergessen können.

Zum Auftakt meines Gefängnisaufenthaltes begrüßte mich ein Sergeant, ein Afrikaander, in gebrochenem Englisch mit den Worten: „Willkommen in der Horrorkammer!" Ein makabrer Anfang, und es sollte in der Tat noch schlimmer kommen. Dieser Mann – das fühlte ich – hatte schon viele Gefangene in seiner „Obhut" gehabt, und Güte gehörte sicher nicht zu seinen Markenzeichen.

Ich wurde durchsucht, und meine persönlichen Habseligkeiten wurden mir abgenommen und weggeschlossen. Ich wurde sofort in Einzelhaft gesteckt und durfte nicht einmal meine Bibel behalten. Meine Nächte verbrachte ich auf drei dreckigen Decken, die ich überdies mit großen Wanzen teilte, die auftauchten, sobald das Licht ausging. Die Decken dienten sowohl als Bett als auch als Zudecke auf dem rauhen Betonboden. Glücklicherweise war Sommer, und es war sehr heiß, so daß ich mich mit ihnen nicht auch noch zuzudecken brauchte. Tagsüber stand ich, wenn ich nicht gerade verhört wurde, unter der kalten Dusche und sang Kirchen- und Freiheitslieder.

In meiner Nachbarzelle lebte ein Mann, der schon sechs Monate in Einzelhaft war, ohne Kontakt zu Menschen zu haben, außer zu seinen Vernehmungsbeamten. Wenn ich Freiheitslieder sang, fiel er ein. So wußte ich, daß es jemanden gab, dem ich sogar in dieser grausamen Situation eine Ermutigung sein konnte.

Gespräche waren verboten, und die Einhaltung dieser Regel wurde strengstens überwacht. So konnten wir uns nur nachts unterhalten, zwischen den Runden der Wächter. Uns war schon gesagt worden, daß wir in andere Zellen verlegt würden, wenn man uns beim Reden erwischte. Jedesmal, wenn wir miteinander sprachen, wußten wir also, daß wir ein großes Risiko eingingen, und wir wußten, daß es die letzte Unterhaltung unseres Lebens sein könnte. Trotzdem verbrachten wir viele Stunden damit, uns – auf den Rändern unserer Toiletten stehend – durch einen schmalen, mit einem Gitter versehenen Schacht ganz oben in der dicken Betonwand zu unterhalten. Wir haben einander nie gesehen. Die Erbauer des Gefängnisses hatten gute Arbeit geleistet.

Ganz leise, immer mit einem Ohr auf die schweren Schritte der Wächter lauschend, sprachen wir bis spät in die Nacht über alle möglichen Themen. Ich erzählte ihm von meinem Glauben, und er erzählte mir von seinen Schwierigkeiten, Jesus zu verstehen. Wie so viele Schwarze hatte er den entstellten Christus der Weißen abgelehnt, ihn mit den Unterdrückern identifiziert und es nicht vermocht, sich mit seinem Leiden zu identifizieren. In diesem Gefängnis war kein Platz für einen Glauben, der die Fragen der Gerechtigkeit und Rechtschaffenheit außer acht ließ. Einmal mehr beschloß ich, ob im Gefängnis oder auf freiem Fuß, dem Christus der Schrift treu zu bleiben und nicht dem Christus, der den Interessen der Reichen diente und die Not der Armen und Unterdrückten ignorierte.

Die Wirklichkeit von Gottes allumfassender Liebe und Macht zeigte sich mir wieder einmal, als ich vier Tage nach meiner Inhaftierung in eine tiefe Depression fiel. Die Erfahrung, die ich dann machte, half mir, den Rest meiner Gefangenschaft zu überstehen.

Nach vier Tagen Einzelhaft kam der erste Sonntag im Gefängnis. Sonntag war der Tag, an dem ich normalerweise mit meinen Christenfreunden zusammengewesen wäre und den Gottesdienst in der Eben-Ezer Evangelical Church geleitet hätte. Die Sonntagnachmittage in Soweto verbrachte ich gewöhnlich, indem ich von einem Youth-Alive-Treffen zum nächsten ging und das machte, was ich so sehr liebte: mit jungen Leuten über Christus sprechen.

An diesem Tag wurden die Gefängnismauern unerträglich für mich. Sie waren mehr als ein physisches Hindernis; sie schlossen mich völlig von jeglicher Gemeinschaft mit anderen Christen aus. Abgrundtiefe Verzweiflung überkam mich. Zum erstenmal fühlte ich mich zutiefst einsam. Ich schaffte es kaum, ein Kirchenlied zu singen oder zu beten. Mein Mund war wie ausgetrocknet, und die Lobgesänge, die mir so oft geholfen hatten, wollten nicht über meine Lippen kommen.

Ich lag regungslos auf dem Boden der Zelle, da hörte ich plötzlich weit entfernt Kirchenglocken läuten. Ich kletterte auf den Toilettendeckel und sah durch das schmale Fenster. Angestrengt versuchte ich, durch den Maschendraht etwas zu erkennen, und entdeckte schließlich ganz weit entfernt eine Kirchturmspitze. Dieser Anblick gab mir die Gewißheit, daß das Leben aus mehr bestand als aus dem anscheinend unbesiegbaren Bösen, das mich hier festhielt.

Vor meinem inneren Auge sah ich Tausende von Christen, die sich über ganz Südafrika verteilt in den Kirchen trafen. Ich dachte an die vielen Kirchen, in denen ich gepredigt hatte. Ich dachte an die SACLA – die Versammlung Christlicher Leiter in Südafrika –, die im Juli 1979 nicht weit von diesem Gefängnis stattgefunden hatte. Ich dachte an all die jungen Leute in Youth Alive. Ich dachte an meine Frau Chumi und meinen Sohn, die sich jetzt für den Gottesdienst fertig machten, und mir fiel ein, daß mein Name wahrscheinlich an diesem Morgen im Gebet genannt werden würde. Ich beugte meinen Kopf und dankte Gott, daß ich Teil dieser Kirche war, gleich in welcher Lage ich mich befand. Ich habe keine Ahnung, wie lange ich auf den Kirchturm starrte. Es kam mir wie eine Stunde vor, als ich auf den Boden zurückkletterte mit der Gewißheit, daß die Kirche letztendlich siegen würde über die Tore dieser und anderer Höllen.

Eines Tages wurde ich um drei Uhr morgens geweckt und von Wachen aus der Zelle geführt. Das war das übliche Ritual an Verhörtagen. Aber statt in die Verhörzelle wurde ich in das Büro des Polizeichefs gebracht und angewiesen zu warten. Vier Stunden saß ich dort, völlig allein mit Wachen vor der Tür. Um 8.30 Uhr endlich kam der Chef und fragte mich, ob ich irgendwelche Klagen gegen die Polizei hätte. Da wußte ich, daß ich entweder freigelassen oder in ein anderes Gefängnis gebracht werden sollte. Ich fragte ihn, was mit mir passieren würde, und er teilte mir mit, daß ich nach Hause gehen könne.

Mir war klar, daß eine Beschwerde meine Freilassung verzögern würde. Es würde bis zu einem halben Tag dauern, bis der Polizeirichter eintreffen und meine Aussage aufnehmen würde. Da ich aber nichts anderes wollte, als diesen Ort so schnell wie möglich verlassen, sagte ich nichts. Und so konnte ich tatsächlich gehen. Wirklich schade war nur, daß ich meinem „Freund ohne Gesicht" aus der Zelle neben mir nicht auf Wiedersehen sagen konnte.

Meine Festnahme erschien als Hauptartikel auf der ersten Seite der „Sunday Times", damals Johannesburgs führende Zeitung. Nach meiner Freilassung erkannte ich, wieviel Glück ich gehabt hatte. Andere Männer wie Frank Chikane, Generalsekretär des Südafrikanischen Kirchenrates, und Cyril Ramaphosa waren gefoltert und viel länger festgehalten worden als ich. Ich war dankbar dafür, daß mir das erspart geblieben war.

Erst viel später erfuhr ich, wie sehr Chumi wegen meiner Inhaftierung hatte leiden müssen. Ihr wurde nichts darüber mitgeteilt, wo, warum und wie lange ich festgehalten werden sollte. Meine Einkerkerung gab uns einen kleinen Einblick in das, was die Ehefrauen von Gefangenen durchmachten, wenn ihre Männer aufgrund der Haftgesetze von der Sicherheitspolizei in Minutenschnelle mitgenommen wurden und man nie wieder von ihnen hörte. Um so größer war die Freude meiner Familie und meiner Mitarbeiter von Youth Alive über meine Freilassung. Die Sonne ging über Soweto auf, als die Polizei mich vor unserem Haus absetzte. Chumi war völlig überrascht und überglücklich. Ich war frei. Es war der Anfang eines neuen Tages.

14
Ein Bruder vor Gericht

Am 4. August 1980 wurden neun ANC-Mitglieder im Justizpalast in Pretoria vor Gericht gestellt. Mein Bruder war der Angeklagte Nummer vier. Vorsitzender Richter war Jaap de Villiers. Wegen der Schwere der Anklage und der Tatsache, daß sich das Verfahren vermutlich lange hinziehen würde, nahm der Richter zwei Beisitzer zur Hilfe. In Südafrika gibt es keine Geschworenen.

Am ersten Tag des Verfahrens war der Gerichtssaal brechend voll und die Sicherheitsmaßnahmen dementsprechend hoch. Nationale und internationale Presse war anwesend. Auch unsere Familie war vollständig zugegen. Bewaffnete Wachen, die überall standen, schufen eine Atmosphäre der Feindseligkeit.

Als die Angeklagten eintraten, wurde es ganz still im Saal. Alle neun waren beschuldigt, Hochverrat begangen zu haben, weil sie dem ANC angehörten und willentlich versucht hatten, den Staat mit Gewalt zu vernichten. Wurden sie für schuldig befunden, wartete die Todesstrafe auf sie.

Die Anklagepunkte gegen George lauteten zusätzlich auf „militärische Ausbildung in Angola; Durchführung kriegerischer Handlungen und Sabotageakte gegen die Republik Südafrika; Auskundschaften und Planen eines Angriffs auf Gastanks in Waltloo bei Pretoria, mit der Absicht, sie in die Luft zu jagen". Außerdem war er angeklagt wegen „Besitz von Waffen, Munition und Sprengstoff für kriegerische Handlungen gegen den Staat, mit denen er die ANC-Kämpfer versorgt hatte".

Vorgeworfen wurden George auch Verbindungen zu den anderen ANC-Angeklagten sowie die Beteiligung am Bombenangriff auf zwei Polizeistationen in Soweto und auf eine im Norden von Pretoria; es hieß, er habe den Sprengstoff geliefert und den Anschlag so erst möglich gemacht. Im Zusammenhang mit den Angriffen auf die Polizeistationen hatte es auch einen Banküberfall mit anschließender Schießerei gegeben, bei der drei von Georges Kameraden und einige Weiße getötet worden waren.

Bei der Anklage der neun Männer wegen Hochverrats, Mordes und Mitgliedschaft in einer verbotenen Organisation berief sich der Staat auf das Mittäterschaftsgesetz. Dieses Gesetz ermächtigt die Polizei, Individuen selbst dann strafrechtlich zu verfolgen, wenn sie nicht aktiv an der Durchführung des Verbrechens beteiligt waren. Der Staat brauchte lediglich nachzuweisen, daß die betroffenen Personen an der Planung des Verbrechens beteiligt waren und seine Durchführung befürworteten.

Die schwerwiegendste Einzelanklage gegen George betraf seine Absicht, die Gastanks in die Luft zu sprengen. Bei der Festnahme fand die Polizei Aufzeichnungen bei ihm, die er bei der Erkundung der Gegend gemacht hatte. Aus ihnen ging eindeutig hervor, daß die Tanks so in die Luft gejagt werden sollten, daß kein menschliches Leben in Gefahr geriet. Er wollte keine Toten, egal auf welcher Seite. Als die Anklage verlesen wurde, dachte ich daran, daß George immer gesagt hatte, er sei kein Schlachter, er könne sich nicht vorstellen, jemals jemanden zu töten. Aber die Linie zwischen rechtmäßiger und unrechtmäßiger Gewalt ist so fein, daß es mir schwerfiel zu sagen, ob und wann er sie je überschritten hat.

Jules Browde, der für die neun Männer angestellte Pflichtverteidiger, führte an, daß die Aktionen keine „extremen Fälle" darstellten. Er zitierte die Aussage des berühmten Soziologen F.A. Maritz, der die Angeklagten als „vergleichsweise sanfte Menschen" bezeichnet hatte. Das traf sicherlich auf meinen Bruder zu. Professor Maritz hatte die Männer auch nicht für grundsätzlich böse gehalten und betont, daß sie hauptsächlich aufgrund ihrer jugendlich-rebellischen Natur in die Aktivitäten des ANC verstrickt worden wären. Er führte an, daß die Rebellen von heute häufig die Führungspersönlichkeiten von morgen wären. Die Frage war nur: Was war zu tun, wenn der Rebell sich den Gesetzen widersetzte und gefaßt wurde?

Für den Richter bestand in dieser Frage kein Zweifel. Am 26. November, dreieinhalb Monate später, betraten die Angeklagten den Gerichtssaal zur Verkündigung des Urteils. Sie sangen Freiheitslieder, wie sie es an jedem Tag der Verhandlung getan hatten. Mein Bruder führte den Gesang an, als sie die fünfzehn Stufen zur Anklagebank hinaufstiegen, um die Urteilsverkündung des Richters zu hören.

Der Richter verkündete den Urteilsspruch auf Afrikaans, und der Gerichtsdolmetscher, ein Schwarzer, übersetzte ihn für die Gefangenen ins Zulu: Angeklagte eins, zwei und drei sind des Hochverrats schuldig befunden und zum Tod verurteilt.

Ich hatte noch nie erlebt, wie jemand zum Tod verurteilt wurde, und mein Magen ballte sich zusammen, als ich den Richter sagen hörte:

„Haben Sie noch irgend etwas zu sagen, bevor ich das Todesurteil über Sie ausspreche?" Einer der Angeklagten dankte sowohl dem Richter als auch einem Polizeibeamten dafür, daß sie ihn „wie ein menschliches Wesen" behandelt hatten.

Die ersten drei Angeklagten setzten sich, ohne eine Gefühlsregung zu zeigen. Es schien mir, als ob sie die Schwere des Urteils nicht wahrgenommen hätten. Sie sahen betäubt aus. Der Richter stellte allen dreien frei, Berufung einzulegen gegen das Urteil.

Als die Reihe an meinen Bruder kam, stand George auf und sah dem Richter ins Gesicht. Ich beobachtete ihn genau. Es sah so aus, als ob seine Beine ihn nicht tragen könnten und er zusammenbrechen würde. Irgendwie hielt er sich aufrecht, stand schweigend da und wartete auf sein Urteil.

Stille breitete sich im Gerichtssaal aus. Der Richter räusperte sich und sagte: „Weil Sie gezeigt haben, daß Sie ein sehr intelligenter Mensch sind, und weil Sie ihre Absichten nicht in die Tat umgesetzt haben, verurteile ich Sie zu zwanzig Jahren Gefängnis." Ich sah hinüber zu meinem Vater und dem Rest der Familie. Sie alle guckten benommen und schienen zunächst gar nicht zu begreifen, daß George nicht zum Tod verurteilt war. Er würde leben. Die restlichen Urteile hörten wir kaum noch – es waren alles Gefängnisstrafen zwischen zehn und zwanzig Jahren.

Zum Schluß standen alle Verurteilten auf, wandten sich dem Gerichtssaal zu und hoben ihre Fäuste zum Zeichen des Widerstands. Dann drehten sie sich um zur Galerie, auf der die Schwarzen standen, und stimmten das wunderschöne Xhosa- Kirchenlied „Nkosi Sikelel'i-Afrika" – „Gott segne Afrika" – an, das zur Hymne des ANC und von mindestens drei unabhängigen Ländern Ost- und Zentralafrikas geworden war.

Es war eine lange Fahrt zurück nach Soweto. Im stillen begannen wir, uns auf die wenigen Besuche bei George im Gefängnis einzurichten, die uns erlaubt waren. Wir wußten, daß alle Verurteilten in das berüchtigte Gefängnis Robben Island kommen würden. Nur die ersten drei würden in die Todeskammer gebracht. (Ihre Strafen wurden später im Austausch gegen die Nennung der Namen von Söldnern, die an einem gescheiterten Angriffsversuch in den Seychellen beteiligt waren, in lebenslängliche Gefängnisstrafen umgewandelt.)

Robben Island ist ein Inselgefängnis zweiundzwanzig Kilometer westlich von Cape Town, umgeben von den Wassern des Südatlantiks, die voller Haifische sind. Dieses Gefängnis war das Heim Nelson Mandelas und anderer bekannter politischer ANC-Häftlinge.

Mit meiner Familie wieder zu Hause angekommen, dachte ich über die Ereignisse der letzten paar Monate nach. George hatte sich für die Gewalt entschieden. Tief in meinem Herzen wußte ich, daß ich diesen Weg nicht würde gehen können. Mein Weg konnte nicht der eines Zeloten sein. Genausowenig aber würde ich mich den unterdrückerischen Praktiken der weißen Regierung beugen oder blind werden für die moralisch verwerflichen Apartheid-Gesetze. Ich würde für einen Wandel des Systems der Unterdrückung arbeiten, das mein Volk beherrscht – für einen Wandel durch die Gnade Gottes. Ich hatte mich für den gewaltlosen Weg Jesu Christi entschieden.

Der Schrei des Mose für die versklavten Israeliten würde mein Schrei sein: Laß mein Volk gehen! Und nur Gott, der weiß, was geschieht, wird diesen Schrei beantworten können. Bis dahin werde ich geduldig beten und inmitten von Angst und Zittern in meinem Glauben wachsen. Für mich gab es keinen anderen Weg als den der Liebe und des Kreuzes.

15
Das Urteil der Kirche

Denn wir haben nicht mit Fleisch und Blut zu kämpfen, sondern mit Mächtigen und Gewaltigen, nämlich mit den Herren der Welt, die in dieser Finsternis herrschen, mit den bösen Geistern unter dem Himmel. Deshalb ergreift die Waffenrüstung Gottes, damit ihr an dem bösen Tag Widerstand leisten und alles überwinden und das Feld behalten könnt.

Epheser 6,12-13

Nicht lange danach begannen meine Gebete für mehr Einsatz der Kirche im Kampf der Schwarzen erhört zu werden – wenn es auch trotzdem immer noch Rückschläge und Enttäuschungen gab.

Eine der ersten großen christlichen Konferenzen, die versuchte, sich mit diesen schwierigen Themen auseinanderzusetzen, war die SACLA – South African Christian Leadership Assembly –, die 1979 stattfand. Aber schon von Beginn an gab es Schwierigkeiten.

Als die SACLA das erste Mal vorgeschlagen wurde, gab es von Organisationen wie der „South African Fellowship of Evangelicals" enorme Widerstände gegen eine Beteiligung der Evangelikalen. Die Konservativen unter ihnen hielten die SACLA für politisch liberal und unbiblisch. Meine Mitarbeit im Exekutivkomitee der SACLA – als einziger schwarzer Evangelikaler – wurde von vielen als Verrat an der evangelikalen Gemeinschaft angesehen.

Am Ende des ersten Tages der Konferenzplanung erklärten die anwesenden weißen Evangelikalen geschlossen, die SACLA sei kein Unternehmen im Sinne des Evangeliums; sie hätten ein schlechtes Gefühl, wenn sie blieben. Sie kämen zwar zur Konferenz, wenn sie eingeladen würden, eine weitere Mitarbeit im Exekutivkomitee jedoch könnten sie nicht verantworten. Für sie war die Sache sehr einfach: Entweder man war evangelikal (was ihrer Ansicht nach gleichbedeutend war mit Christen, die den südafrikanischen Status quo unterstützten), oder man war ökumenisch (also ein theologisch fragwürdiger Christ, vermutlich mit Verbindungen zum Kommunismus, der ein nicht-rassistisches Südafrika anstrebte). Eine Vermischung beider konnte es nicht geben, und der Grund war so klar wie der Unterschied zwischen schwarz und weiß. Westliche Missionare kamen in den meisten Fällen aus einem sehr konservativ-fundamentalistischen theologischen Hintergrund, in dem man glaubte, daß alles, was nicht durch ihre Kirche unterstützt und in ihren Bibelschulen gelehrt wurde, unbiblisch sei. Von dieser Basis aus wurde die SACLA von Missionsgesellschaften verurteilt. Alles, was außerhalb des Bereiches der Verkündigung des Evangeliums lag – besonders all das, was nach Politik roch –, durfte gar nicht erst diskutiert werden.

Wie die Missionare hatten auch die schwarzen Pfarrer gelernt, daß nur ein einziges Anliegen zu verfolgen sei – die Verkündigung des Evangeliums, das heißt die Rettung der Seelen. Es war nicht ihre Aufgabe, sich in die Politik zu mischen, da solche Aktivitäten sie nur von ihrem Hauptanliegen ablenken würden und außerdem „ungeistlich" wären. Der irdische Leib und was mit ihm geschah, war weitgehend irrelevant; die Seele war alles, was zählte. Und schließlich war der Staat von Gott bestimmt, und Christen waren dazu aufgerufen, seinen Forderungen Gehorsam zu leisten.

Meine Hoffnungen waren jedoch noch nicht vollständig zerstört. Aus der SACLA ging eine kleine Gruppe junger schwarzer Führer hervor, die sehr engagiert waren. Ich hoffte, daß wir zusammen und durch die SACLA die Kirche so weit mobilisieren konnten, daß es in ganz Südafrika Stellungnahmen zum Rassismus geben würde. Gleichzeitig hofften wir, die SACLA würde die Kirche darin bestärken, zu dienen und zu evangelisieren, sich zu engagieren in Projekten der Gemeinschaft und in der Studentenarbeit und auch eine bedeutende Stimme des Gewissens für die südafrikanische Regierung zu werden.

Dies waren unsere Hoffnungen; und wenn Kirchenführer wie der anglikanische Bischof Desmond Tutu bei der SACLA sprachen, merkten wir, daß wir denselben Traum träumten. Das erste Mal in der Geschichte Südafrikas fand mitten in Pretoria, dem politischen und religiösen Herzen Südafrikas, eine kleine Revolution statt. Schwarze hatten während der Dauer der Konferenz freien Zugang zu weißen Wohngebieten und Hotels. Sie wurden öffentlich eingeladen in Häuser der Weißen. Das alles waren Dinge, von denen man vorher nie etwas gehört hatte. Die SACLA hatte neues Terrain erschlossen. Sie brachte Klarheit in die Themen, ohne die sowieso schon entfremdeten Gemeinschaften noch weiter voneinander zu entfernen. Schwarze und Weiße sagten sich – in Liebe und manchmal auch mit Furcht – die Wahrheit. Es wurde offen über die Ängste der Weißen und die Wut und das Mißtrauen der Schwarzen diskutiert. Eine der größten Errungenschaften der SACLA war der Dialog zwischen schwarzen und weißen Studenten. Aus diesem

Dialog heraus entstand die „Student Union for Christian Action", die bis heute existiert.

Traurigerweise war die SACLA nicht mehr als ein kleines Licht im Dunkeln, das schon bald erlosch. Sie war für viele eine zu beunruhigende Erfahrung. Die religiöse Rechte, eine zersplitterte reaktionäre Gruppe in Südafrika, kam durch ihre Angst vor der SACLA plötzlich in Schwung. Die Splittergruppen fanden zusammen und versuchten, die SACLA zu spalten und, wenn möglich, zum Scheitern zu bringen. Sie betrachteten die Vereinigung als Bedrohung ihres Glaubens und ihrer konservativen Politik. Die Bestrebungen der Schwarzen waren in ihren Augen kommunistisch und unvereinbar mit der christlichen Botschaft. Für sie war das Evangelium Jesu Christi unmittelbar verbunden mit der Apartheid und dem sich frei entfaltenden Kapitalismus.

Alles, was an den Privilegien rüttelte, die sie unter europäischer Kolonialherrschaft genossen hatten, wurde als vom Satan kommend bezeichnet. Die schwarzen Führungspersönlichkeiten in den unabhängigen Ländern Afrikas wurden nicht als nationale Führer betrachtet, die ohne die Kolonialregierung auskamen, sondern als Agenten des Bösen.

Das enttäuschende Ende der SACLA-Konferenz erinnerte mich an eine frühere Konferenz, auf der es zu der gleichen Auseinandersetzung gekommen war. Sie wurde PACLA – Pan African Conference Leadership Assembly – genannt und fand 1976 in Nairobi statt. PACLA war eine Nachfolgekonferenz des Lausanner Kongresses für Weltevangelisation 1974 – des ersten größeren Treffens verantwortungsbewußter evangelikaler Christen aus fast jedem Land der Welt. Als ich 1976 nach Südafrika zurückkam, wurde ich umgehend eingeladen, an der PACLA teilzunehmen.

Als meine Freunde und ich uns auf den Weg zur Konferenz machten, ergab sich eine Situation, die genau die Probleme zum Ausdruck brachte, mit denen wir uns auseinandersetzen mußten. Wir kamen am Flughafen von Nairobi an und mußten feststellen, daß weiße Südafrikaner nicht ins Land einreisen durften, während schwarze nicht einmal ein Visum benötigten. Der Spieß war plötzlich umgedreht.

Uns war sofort klar, daß das nicht richtig war, und wir legten bei den verantwortlichen Behörden Berufung gegen diese Entscheidung ein. Unser Appell war erfolgreich, die Entscheidung wurde rückgängig gemacht, und schwarze und weiße Südafrikaner konnten gemeinsam zur Konferenz gehen. Aber der Vorfall schlug sich auf die politische Atmosphäre nieder und führte zu Spannungen. Beunruhigend an dieser Angelegenheit war die Tatsache, daß sie genau die Lage in Südafrika widerspiegelte.

Für mich war es eine Offenbarung, diese Vertauschung der Rollen auf dem afrikanischen Kontinent zu erleben. Plötzlich waren die Weißen in der Position der Schwachen und wir Schwarzen in der der Privilegierten und Starken. Sollte ich die plötzlich erlangten Privilegien also ausnutzen und mich den Weißen gegenüber als Herr aufspielen? Oder sollte ich als schwarzer Christ das Böse durch das Gute überwinden und den Unterdrückern Liebe entgegenbringen? Als Christ kam für mich nur eine Möglichkeit ernsthaft in Frage: um Jesu Christi willen meine Hand in Liebe auszustrecken. Das einzige wahre Privileg, das jeder von uns hatte, war die Tatsache, Kind Gottes zu sein, und das hatte nichts zu tun mit der Farbe unserer Haut.

Das Ereignis zeigte mir noch einmal deutlich, vor welchen Problemen wir stehen bei dem Versuch, die südafrikanischen weißen Christen dazu zu bewegen, ihren privilegierten Status aufzugeben. Der Gedanke macht ihnen große Angst. Nirgendwo anders in der Welt haben sie die gleichen Privilegien wie in Südafrika, deshalb tun sie alles, was in ihrer Macht steht, um den Prozeß des Fortschritts zu verlangsamen.

Auf der PACLA-Konferenz angekommen, entwickelte sich gleich eine neue Spannung. Die schwarze evangelikale Missionskirche, gegründet von einer weißen Missionsgesellschaft, und die ökumenische Gemeinschaft, die mit der Sache der Schwarzen sympathisierte, waren miteinander in Streit geraten. Als bibelgläubiger schwarzer Evangelikaler hatte ich – obwohl ich ernsthafte Probleme mit der Kontrolle schwarzer Christen durch weiße Missionare habe – einerseits viel mit der ersten Gruppe gemeinsam. Wie die schwarzen Evangelikalen hegte ich starke Zweifel gegenüber einem großen Teil der ökumenischen Theologie, da sie in meinen Augen erschreckend unbiblisch war; auf der anderen Seite jedoch standen dieselben Ökumeniker auf eine Art und Weise für Gerechtigkeit und Recht ein, wie es die Evangelikalen nicht taten.

Der Durchbruch kam, als Professor David Bosch offen das Dilemma der Kirche der Afrikaander in Südafrika ansprach. Er bekannte öffentlich die Schuld, die er und seine Mitbrüder und -schwestern in dieser Kirche auf sich geladen hatten durch ihre fehlende Opposition gegen die Apartheid, und bat um Vergebung.

Sein Schuldbekenntnis überraschte alle. Später stimmten wir schwarzen Südafrikaner der Notwendigkeit von Versöhnung zu, und wir trafen uns während der Konferenz, um über die Konsequenzen der herausfordernden Botschaft David Boschs zu beraten. Wir waren uns alle darin einig, daß der Dialog nach unserer Rückkehr weitergeführt werden müsse.

Für mich persönlich wurde die Polarisierung zwischen ökumenisch und evangelikal am deutlichsten spürbar auf der SACEL, der Südafrikanischen Konferenz Evangelikaler Führungspersönlichkeiten, die 1985 in der Nähe von Pretoria abgehalten wurde.

Als Plenumssprecher wurde ich aufgefordert, „das Evangelium zu verteidigen", indem ich mich gegen die Befreiungstheologie, die afrikanische Theologie und die Theologie der Schwarzen aussprechen sollte. Ich weigerte mich mit der Begründung, daß das Evangelium sich selbst verteidigen könne und keine weitere Verteidigung von meiner Seite benötige. Ich sei, so sagte ich ihnen, nicht zu der Konferenz gekommen, um andere theologische Positionen schlechtzumachen und meine eigene auf den Sockel zu heben.

Ich zitierte ein altes afrikanisches Sprichwort: „Man wäscht seine schmutzige Wäsche nicht im schmutzigen Waschwasser anderer Leute." Selbst wenn diese Theologien ihre Schwächen hatten, hatten wir nicht das Recht, mit dem Finger auf diese Schwächen zu zeigen und über sie zu schimpfen, um unsere eigene Theologie zu stärken nach dem Motto: „Sieh, so schwach bist du." Ich lehnte den Antrag also ab.

Vielmehr schlug ich der Gruppe vor: „Laßt uns sehen, ob wir nicht von diesen anderen Theologien etwas lernen können. Warum zum Beispiel sind sie so beliebt?" Meiner Ansicht nach beschäftigen sie sich nämlich offensichtlich mit den kritischen Fragen, die für die Leute wichtig sind – nämlich mit der Gerechtigkeit und der Behandlung der Armen.

Was also sollten evangelikale Theologen vor diesem Hintergrund sagen und tun? Stellten wir die für unsere Gesellschaft wichtigen Fragen? Zeigten wir wirklich auf Jesus als Antwort auf Ungerechtigkeit, Rassenhaß, Angst und Unterdrückung? Dies nämlich, so sagte ich, könnten wir nur tun, wenn wir bereit wären, uns diesen harten Fragen zu stellen.

Als ich ausgeredet hatte, stand der Direktor der „Frontline Fellowship", einer Organisation vom extrem rechten Flügel, auf und sagte: „Keiner, der alle Sinne beisammen hat, kann Caesar ernst nehmen." Ich war sprachlos. Er fuhr fort: „Ich kenne Dr. Tokunbo Adeyemo, den Generalsekretär der ‚Association of Evangelicals of Africa and Madagascar'. Und ich möchte hier vor der Konferenz klarstellen, daß Caesar mit seiner Sicht unter den afrikanischen evangelikalen Führungspersönlichkeiten allein dasteht. Dr. Adeyemo, den Sie alle kennen, wäre niemals einverstanden mit Caesars Art, die verschiedenen Theologien zu definieren."

Dann zitierte der Direktor verschiedene Aussagen von Evangelikalen, viele von ihnen völlig aus dem Zusammenhang herausgerissen, aber alle gegen die Befreiungstheologie, gegen die Theologie der Schwarzen und gegen die afrikanische Theologie gerichtet. „Das ist", so sagte er, „was Evangelikale zu diesem Thema sagen. Ihr seid sicher mit mir einer Meinung, daß Caesar nicht länger einer von uns ist. Warum sonst ist er nicht bereit, sich, wenn es darauf ankommt, gegen seine schwarzen Schwestern und Brüder zu stellen?"

Ich war am Boden zerstört. Ich fühlte mich betrogen von Menschen, von denen ich geglaubt hatte, daß sie mir wenigstens zuhörten und versuchten, mich zu verstehen, auch wenn sie meine Meinung nicht teilten. Ich hatte nur verhindern wollen, daß andere Standpunkte einfach schlechtgemacht werden. Ich hatte nicht gesagt, daß ich die andere Meinung teilte; ich konnte sie nur nicht durch allgemeine, schwammige Aussagen verurteilen. Außerdem steckt viel Wahrheit in jenen Theologien; aber wenn ich versucht hätte, sie in diesem Kontext genauer zu analysieren, hätte ich mich zu weit vorgewagt und für den Vorwurf der Häresie Angriffsfläche geboten.

Ich brauchte mich nicht selbst zu verteidigen. Andere standen auf und unterstützten mich in dem, was ich gesagt hatte.

Einer von ihnen war Jim Johnston, der Pfarrer von Bedfordview Chapel und ehemaliger Direktor der „Student Christian Association". Seiner Meinung nach lag der Grund für die negativen Reaktionen auf meine Aussagen darin, daß die Menschen bei der Konferenz ihre eigenen Ängste nicht wahrnahmen. Das traf den Kern des Problems. Die meisten Evangelikalen weigerten sich, die Realität in Südafrika überhaupt wahrzunehmen. Sie hatten immer noch Angst vor der Möglichkeit einer schwarzen Herrschaft.

Nach der Sitzung führte David Howard, Exekutivdirektor der „World Evangelical Fellowship", ein langes Gespräch mit mir. Er versuchte, mich zu ermutigen und meine gedrückte Stimmung zu vertreiben, indem er darauf hinwies, daß es ausschließlich ausländische Missionare gewesen waren, die so negativ reagiert hatten.

Nie hatte ich mich isolierter gefühlt von Menschen, von denen ich geglaubt hatte, sie seien meine Brüder in Christus. Nach der Sitzung verließen David Howard, Aubrey Adams (ein enger Freund von mir) und ich die Konferenz mit Trauer im Herzen.

16
Der Glaube auf dem Prüfstand

Deprimiert und niedergedrückt verließ ich die SACEL-Konferenz. Ich war verraten worden. Mein Glaube war in Frage und meine Loyalität auf die Probe gestellt worden. Ich hatte das Gefühl, keine Führungsrolle mehr unter meinen schwarzen Brüdern und Schwestern beanspruchen zu dürfen. Und noch schlimmer: Ich war von einem weißen Mann angegriffen worden, und er hatte sich gegen mich auf einen schwarzen christlichen Führer berufen – auf meinen Bruder im Glauben.

Irgendwie hatte ich es nicht geschafft, der Konferenz zu vermitteln, worauf es mir ankam: Ich wollte versuchen, mich in andere Standpunkte hineinzuversetzen, ohne meine eigene Bindung an Jesus Christus und meine Verantwortung für die soziale Gerechtigkeit zu verraten. Ich glaubte leidenschaftlich an die Botschaft von Gottes Erlösergnade, aber ich war nicht bereit, eine außerweltliche Spiritualität zu akzeptieren, die soziale Ungleichheit ignorierte und ungehaltenen Rassismus zuließ, praktiziert von Menschen, die sich Christen nannten.

Genausowenig war ich bereit, die Weißen zu akzeptieren, die im Namen des Vaters, des Sohnes und des Heiligen Geistes fahnenschwenkend ihre Bibeln hochhielten und gleichzeitig auf Schwarze schossen, weil sie angeblich Kommunisten waren. Nie, nie würde ich die Ungerechtigkeiten einer weißen südafrikanischen Gesellschaft oder Theologie akzeptieren, die sagte, daß zwei Drittel der Bevölkerung Südafrikas nur aufgrund ihrer Hautfarbe in Gottes Augen weniger wert seien. Entweder ist Jesus der Herr aller – der Schwarzen, der Weißen, des Wirtschaftssystems, des politischen Systems und der Kirche – oder er ist Herr von nichts.

Ich war froh, daß ich nicht alleine zurück nach Soweto fahren mußte. Mit mir fuhren David Howard und Aubrey Adams. Wir waren emotional und geistlich ausgelaugt, als wir von der Autobahn nach Soweto abbogen. Alles, was wir wollten, war nach Hause kommen und vergessen, was auf der Konferenz geschehen war.

Wir fingen an zu reden, als wir nach Soweto kamen. Als wir über die staubigen, unasphaltierten Straßen fuhren, kam mir noch einmal der absolute Kontrast zu den asphaltierten, mit Bäumen gesäumten Straßen Pretorias in den Sinn. Meine eigene Demütigung auf der Konferenz schien in der demütigenden Welt des schwarzen Townships, in dem zu leben ich gezwungen war, ihre Entsprechung zu finden.

In mir machte sich Groll breit, und ich mußte Gott bitten, mir zu helfen, vergeben zu können – sowohl bezogen auf das, was ich erlebt hatte, als auch auf den Ort, an den ich zurückkehren mußte.

Ich nahm den längeren Weg nach Hause, um David, für den es der erste Besuch in Soweto war, einiges von dem zeigen zu können, was die Realität in Soweto ausmachte. Ich wollte, daß er verstand, was ich auf der Konferenz zu sagen versucht hatte.

Wir fuhren einen der Schleichwege zu meinem Haus, als plötzlich vor uns die Phafogang-Hochschule auftauchte – sie brannte lichterloh. Flammen schlugen hoch in den spätnachmittäglichen Himmel, und Rauch quoll aus den zerschmetterten Fenstern. Es waren keine Studenten zu sehen, merkwürdig für diese Tageszeit. Normalerweise befanden sich zu dieser Zeit um die 2.000 Studenten auf dem Gelände. Aber jetzt war es wie leergefegt.

Später erfuhren wir, daß bei Ausbruch des Feuers die Armee blitzschnell auf dem Gelände erschienen war und sich alle so schnell wie möglich in alle Richtungen davongemacht hatten. Kein denkender Mensch hätte sich der Gefahr ausgesetzt, von einer vollbewaffneten Miliz erschossen zu werden.

Unter diesen Umständen hätte auch ich vorsichtiger sein müssen. Ich wußte, daß ich mit Fremden nicht durch ein von der Armee kontrolliertes Gebiet fahren durfte. Aber es war zu spät. Ich befand mich schon mitten in der Sicherheitszone. Ich nahm die Geschwindigkeit zurück, fuhr jedoch weiter. Wir alle hatten etwas Angst. Sogar David, der noch nie zuvor in einem schwarzen Township gewesen war, spürte die Angst und die Spannung, die in der Luft lag.

Ein Wagen des militärischen Sicherheitsdienstes entdeckte uns und begann uns zu folgen, aber wir kamen ohne Zwischenfall zu Hause an. Ich wollte David nicht sagen, was hätte passieren können, hätte man uns angehalten.

Meine Freude war von kurzer Dauer. Wir hatten uns kaum mit einer Tasse Tee an den Tisch gesetzt, als zwei Panzerfahrzeuge voller Soldaten vor unserem Haus vorfuhren. In Sekundenschnelle waren die Soldaten aus dem Wagen gesprungen und hatten das Haus umstellt. Vier von ihnen kamen sofort durch die Vordertür herein, die ich unerklärlicherweise offen gelassen hatte.

Sie kamen zu mir und fragten nach meinen Personalien. Nachdem sie festgestellt hatten, wer ich war, ging einer von ihnen zum Funkgerät und sagte auf Afrikaans: „Wir haben den Mann." Während der eine Soldat seinen Funkspruch an das Hauptquartier durchgab, verhörten die anderen uns kurz. Drei von ihnen standen da mit dem Gewehr im Anschlag – eine deutliche Warnung für uns, uns nicht zu rühren. Dann wollten sie wissen, wer der „weiße Mann" war. David erklärte, wer er war und was er bei uns tat. Sie forderten seinen Ausweis. David zeigte ihn und ein separates Einreisevisum vor, aber der Soldat wollte beides nicht anerkennen. Nach einer weiteren, hastigen Rücksprache mit dem Hauptquartier ließ er sich jedoch davon überzeugen, daß der Paß gültig war.

Dann entdeckte der Beamte Davids Kamera und wollte wissen, ob er während einer der vielen Fahrtunterbrechungen, die sie uns hatten machen sehen, Photos von irgend etwas gemacht hatte, was die Militärpolizei oder den Sicherheitsdienst anging. David verneinte. Glücklicherweise zeigte sein Photoapparat an, daß nicht einmal ein einziges Photo auf dem Film war. So war die Polizei gezwungen, uns zu glauben. Trotz allem aber sagten sie, sie seien nicht davon überzeugt, daß wir die Wahrheit gesagt hätten. Wir mußten sie zum Hauptquartier begleiten. Per Funk gaben sie diese Nachricht durch und wurden angewiesen, nur Chumi zu Hause zu lassen. Ein Zugeständnis machten die Soldaten jedoch: Sie stellten zwei Polizisten zu unserer Begleitung ab, und wir durften mit unserem eigenen Wagen zwischen ihren zwei Polizeiwagen herfahren – ein für militärische Begriffe merkwürdiges Unterfangen, aber wir protestierten nicht. Es war eindeutig, daß wir keine bewaffnete Gefahr für sie darstellten.

Auf der Wache wurden wir die Treppe hochgeführt und von einem Beamten in Zivil, der Afrikaander war, verhört. Sarkasmus und Bitterkeit sprachen aus seiner Stimme, als er David fragte, warum er einen separaten amerikanischen Paß hätte. David erklärte, daß er, um in andere afrikanische Länder reisen zu können, kein südafrikanisches Visum in seinem Paß haben dürfe.

„Ach ja", schnaubte der Beamte, „sie denken, wir hätten alle die Pest." Der Beamte hielt nicht hinterm Berg mit dem, was er dachte. Er kannte die vorherrschende Einstellung afrikanischer Staaten. Sie ließen keinen in ihr Land einreisen, aus dessen Paß zu erkennen war, daß er in Südafrika gewesen war oder mit dem Land Geschäfte abgewickelt hatte.

Dann wandte sich der Beamte zu mir: „Wer sind Sie?"

„Ich bin Caesar Molebatsi."

„Haben Sie Ihren Paß dabei, um das zu belegen?"

Wir waren so schnell aus dem Haus getrieben worden, daß ich nicht die Zeit gehabt hatte, meinen Ausweis einzustecken. Ich mußte verneinen.

„In diesem Fall werden wir Sie einfach alle einsperren. Es ist 4 Uhr nachmittags, und ich muß jetzt gehen", sagte er.

Es war Freitag. Wenn sie uns wirklich einsperrten, würden wir nicht vor Montag morgen wieder herausgeholt werden. Wir müßten das gesamte Wochenende auf der Polizeistation verbringen. Ich begann, heftig zu protestieren, denn ich wußte, was für ein unbequemes Wochenende mich und meine Freunde erwartete, wenn wir es in einer Zelle voller Fliegen verbringen müßten.

„Vergessen Sie das", sagte ich. „Ich werde mich nicht ein ganzes Wochenende in eine Zelle einschließen lassen. Wenn Sie uns einsperren wollen, dann nur mit Genehmigung von Brigadier Coetzee."

Brigadier Coetzee war der Polizeikommandant, den ich bei den Verhandlungen vor einer der großen politischen Beerdigungen in Soweto kennengelernt hatte. Coetzee hatte mir und meinen damaligen Begleitern gesagt, daß wir ihn anrufen sollten, wann immer wir ein Problem mit der Polizei hätten. An diesem Tag entschied ich, dieses Angebot voll in Anspruch zu nehmen. Ich ließ also nicht locker.

Ich wußte, daß man uns auf der Grundlage von Paragraph 29 festhalten konnte, einem Gesetz, das der Polizei erlaubt, Leute so lange festzuhalten, wie mögliche Anklagepunkte überprüft werden. Sie hätten mich einsperren und den Schlüssel wegwerfen können, aber die Erwähnung des Brigadiers dämpfte ihre Entschlossenheit.

Während unserer Unterhaltung mit dem Polizisten hatten dessen Leute den für mein Wohngebiet zuständigen Sicherheitsbeamten kommen lassen. Über meine Festnahme schien er sehr erfreut zu sein.

„Wir haben schon länger nach Ihnen Ausschau gehalten", sagte er. „Wir haben einen ganzen Sack voll Akten über Sie. Jetzt können Sie uns erst mal ein paar Fragen beantworten."

Bevor er noch etwas sagen konnte, platzte ich heraus: „Okay, ich bin hier. Stellen Sie Ihre Fragen. Sie können uns nicht ohne triftigen Grund hier festhalten. Wir haben kein Gesetz verletzt."

Während dieser neuen Diskussion ließ der andere Beamte weiter nach dem Mann suchen, der mich offiziell verhören sollte. Sie hatten für jedes Amt verschiedene Leute; der für religiöse Führer zuständige Vernehmungsbeamte war nicht abkömmlich.

Der Sicherheitsbeamte sagte mit drohender Stimme: „Wir werden Sie nicht gehen lassen. Sie haben hier zu warten, bis der Vernehmungsbeamte kommt."

„Wann kommt er?" fragte ich.

„Montag."

„Kommt nicht in Frage. Dann gehe ich nach Hause."

Ich stand auf. Ein Polizeibeamter stieß mich zurück auf meinen Stuhl. Da wußte ich, daß ich weiter nicht gehen konnte.

Währenddessen hatten sie David und Aubrey für weitere Vernehmungen in einen anderen Raum gebracht. Nach einem kurzen Kreuzverhör ließen sie sie gehen. Sie gaben auch Davids Paß und Photoapparat zurück.

Mich hielten sie jedoch fest und fuhren mit den Vernehmungen fort. Da die Polizisten nicht wußten, was der offizielle Vernehmungsbeamte mich fragen würde, setzten sie mir mit allen möglichen dummen Fragen zu. Sie wollten etwas über die verschiedenen Leute wissen, die ich kannte. Sie wollten wissen, was ich über Bischof Tutus öffentliche Aussagen zur Apartheid dachte und ob ich ihm zustimmte. Sie fragten mich nach meiner Haltung zum ANC und zur Gewalt und vieles mehr.

Mir wurde klar, daß sie keinerlei rechtliche Handhabe hatten, mich festzuhalten, und so forderte ich sie noch einmal auf, ihre Unternehmungen mit Brigadier Coetzee abzusprechen.

Schließlich war der Hauptwachtmeister so eingeschüchtert von dem Gedanken, daß ein Brigadier zu seiner Polizeistation kommen sollte, daß er meine Freilassung anordnete. Er befahl mir, die Region nicht zu verlassen, falls sie mich noch weiter verhören wollten. Ich widersprach nicht. Ich verließ die Wache und fand David und Aubrey, die voller Angst draußen auf mich warteten. Ein Blick auf die Uhr sagte mir, daß sie mehr als drei Stunden dort gestanden hatten. Sie waren unendlich erleichtert, mich zu sehen, denn sie hatten die Hoffnung schon fast aufgegeben, mit mir zusammen nach Hause zurückkehren zu können.

Die Festnahme hatte David wachgerüttelt. Die Anschuldigungen, die auf der SACEL gegen mich erhoben worden waren, hatten ihn unsicher gemacht, aber er erkannte jetzt, wie man als Schwarzer in Soweto lebte, und er verstand, daß ich die Politik nicht von meinem Leben und meinem Glauben trennen konnte.

Jesus ist gekommen, um die Gefangenen und die Unterdrückten zu befreien und die Blinden sehend zu machen. Es war meine Pflicht, diese Botschaft zu predigen und alle Aspekte des Lebens – die sozialen, geistlichen und politischen – miteinzubeziehen, statt sie voneinander zu trennen. Gleich ob ich leben oder sterben würde, eingesperrt oder frei wäre, ich würde daran glauben, daß Gott letztlich triumphiert über das Böse im einzelnen und in der Gesellschaft. In der Zwischenzeit würde ich da bleiben, wo Gott mich hingestellt hatte, und seine Wahrheit leben für alle, die mich umgeben.

17
Raum für neue Stimmen

Am Abend des 12. Juni 1986 kam eine Reihe engagierter Leute zu mir nach Hause, um darüber zu beraten, was zu tun sei, wenn die bevorstehenden Feierlichkeiten anläßlich des zehnten Jahrestages der Ermordung von Hector Petersen zerschlagen werden sollten.

Es waren Massenkundgebungen geplant, um der Aufstände von 1976 zu gedenken. Bei den Kundgebungen wurden große Teilnehmerzahlen erwartet, und Spannung lag in der Luft. Die ersten sechs Monate dieses Jahres waren die blutigsten seit dem Juni 1976 gewesen, und jedermann hatte Angst vor einem Einschreiten der Polizei. Es gab Gerüchte, daß die Regierung scharf durchgreifen und härtere Notstandsregelungen als je zuvor einführen würde.

Die Regierung selbst war in einer Zwickmühle. Wenn sie die Kundgebung genehmigte, würde sie nur das Ausmaß der Macht und der erfolgreichen Organisation der schwarzen politischen Bewegung zeigen. Auf der anderen Seite würde die Anwesenheit von einem massiven Aufgebot an Militärs und Polizei ein Blutbad heraufbeschwören. Die Regierung löste das Problem, indem sie am 14. Juni die schärfsten Notstandsgesetze seit 1976 ausrief. Die Bekanntgabe derart harter Regelungen war niederschmetternd für die schwarze Gesellschaft.

Eine Protestbewegung entstand, die die Regierung an einem ihrer empfindlichsten Punkte treffen wollte: Eine der lokalen politischen Organisationen schlug vor, daß die Bürger sich weigern sollten, den lokalen schwarzen Behörden Miete für ihre Häuser zu zahlen. – Diese Behörden waren nämlich verantwortlich für Tausende von regierungseigenen Hütten in den Townships. Und viele der Schwarzen haßten sie, weil sie unter dem Vorwand, die Verwaltungskosten für die Townships decken zu müssen, skrupellos riesige Summen von armen Leuten einsammelten. Sie hatten den gleichen Ruf wie die jüdischen Steuereintreiber zu Zeiten Jesu, die ebenso skrupellos große Summen für ihre römischen Herren eintrieben. Die schwarzen Beamten bei diesen Behörden taten nur das, was die weißen Beamten von ihnen verlangten, und trugen dadurch zur Verwirklichung der Apartheidspolitik bei.

Über Nacht erschienen an allen Wänden Sowetos Graffitis mit der Aufforderung an die Einwohner, als Zeichen des Protestes ihre Miete nicht mehr zu bezahlen. Die Idee wurde sofort begeistert aufgenommen. Viele Leute diskutierten diese Möglichkeit in Zügen, Bussen und Einkaufszentren, und noch mehr fragten sich, warum sie darauf nicht schon früher gekommen waren. Es war die einfachste Möglichkeit, die Geldversorgung der Staatsmaschinerie lahmzulegen und die schwarzen Rechtsberater um ihre Macht zu bringen. Der Mietboykott würde bedeuten, daß kein Geld mehr da wäre für überdimensional hohe Gehälter und Versicherungspolicen, auch nicht für die „Unannehmlichkeits"-Zulagen für weiße Beamte, die ihr „Leben in Gefahr brachten", wenn sie jeden Tag in die Stadtteile der Schwarzen kommen mußten, sowie für die schwarzen Stadträte, die mit der Regierung zusammenarbeiteten.

Der Mietboykott breitete sich aus und wurde noch lange nach dem Jahrestag des „Soweto Day" am 16. Juni weitergeführt. Die Entschlossenheit der schwarzen Gesellschaft hielt auch an, als ihnen der Strom abgestellt wurde, der Müll sich an den Straßenecken häufte und die Abwässer sich auf die Straßen ergossen, weil sie nicht mehr entsorgt wurden. Innerhalb von vier Jahren hatte der Stadtrat mehr als eine halbe Million Rand Schulden. Townships wie Soweto hatten Schulden bei dem zentralen afrikanischen Elektrizitätsversorgungs-Unternehmen. Kleinere Townships hatten noch mehr zu leiden.

Die Boykotts hatten ernsthafte Auswirkungen auf den Haushalt, und der Regierung wurde klar, daß es notwendig war, Verhandlungen zu beginnen. Aber dieser Prozeß war belastet durch Spannungen und Rückschläge. Und wo immer die Verhandlungen scheiterten, brach sofort Gewalt aus.

Der Regierung wurden zwei bittere Lektionen erteilt. Die erste war, daß sie die Leute nicht zwingen konnte, irgend etwas gegen ihren Willen zu tun, ohne dadurch Tod und Zerstörung zu verursachen. Die zweite Lektion war, daß Schwarze tatsächlich wirtschaftliche Macht ausüben und sie als Form des Protestes einsetzen konnten.

Die Hoffnung, daß die Regierung nunmehr ausschließlich auf Verhandlungen statt auf Gewalt setzen würde, war jedoch umsonst. Auch wenn es bis heute Verhandlungen gibt, war die Zeit zwischen 1986 und 1990 überschattet von schrecklichen Akten der Gewalt. Ich selbst war Zeuge eines Ereignisses, das ich nie vergessen werde.

Am Abend des 10. August 1987 fiel die Armee in das Township White City ein – nur zwei Wohnblocks von meinem eigenen entfernt – und sperrte die Straßen ab. Die Soldaten gingen von Haus zu Haus und forderten die Bewohner auf, entweder ihre Belege für die Zahlung der Miete vorzuweisen oder sich zur Zahlung dieser bereit zu erklären und ein Übereinkommen mit den örtlichen Behörden zu unterzeichnen. Ich beobachtete, wie dreißig von den Bewohnern aus ihren Häusern gezerrt und erschossen wurden. Es war blanker Mord durch die organisierten Kräfte der Apartheidsregierung. Aber niemand wurde des Mordes angeklagt; die Tötungen waren vom Staat gebilligt.

Man ließ die lokalen Behörden dieses Ereignis nicht vergessen. Es führte zu einer Radikalisierung der schwarzen Gesellschaft, und die Menschen beschlossen, erst wieder Miete zu bezahlen, wenn alle Übel abgeschafft wären.

Nach dem brutalen Durchgreifen 1976 hatte es einen Aufschrei von Stimmen quer durch das politische und religiöse Spektrum gegeben, die die Unterdrückung der politischen Aktivitäten von Schwarzen verurteilten. Nach dem Massaker vom 10. August 1987 kam eine Reihe von neuen Stimmen aus der politischen Landschaft Südafrikas dazu, und es wurden drei wichtige Dokumente veröffentlicht.

Eine multi-rassische Gruppe von Geistlichen, die sich „Ministers United for Christian Co-Responsibility" (MUCCOR) nannte, brachte eine „Aufforderung an die Kirche" heraus, einen theologischen Kommentar zur Krise in Südafrika. Er wurde bekannt als „KAIROS-Dokument". Das stellte unverhohlen fest, daß „das Apartheidssystem eindeutig tyrannisch ist. Es ist daher ein moralisch verwerfliches Regime und sollte ersetzt werden durch eine Regierung, die die Interessen aller Menschen vertritt."

Das Dokument verurteilte auch das, was „Staatstheologie" genannt wurde: Jeder, der dem Staat ungehorsam ist und sich ihm widersetzt, wird als gottloser, atheistischer Kommunist bezeichnet. Und der Staat stellt sich eine Übernahme der Regierung durch die Kommunisten als die Hölle auf Erden vor.

Mutig erklärt das Dokument auch, daß „der Gott, den der Staat uns predigt, nicht der Gott der Bibel ist. Es ist ein Götze". Es fährt fort, daß es sowohl für den Unterdrücker als auch für den Unterdrückten Hoffnung gäbe, weil das Evangelium eine Botschaft der Hoffnung sei: „Es gibt Hoffnung, weil Gott uns in Jesus Christus versprochen hat, daß Gerechtigkeit und Liebe am Ende über alle Ungerechtigkeit und Unterdrückung siegen werden."

Auch wenn einige Kirchen innerhalb Südafrikas sehr negative Reaktionen zeigten und weiße evangelikale Kirchen das Dokument als kommunistische Propaganda verurteilten, wurde es von mehr als 200 internationalen Geistlichen und Führungspersönlichkeiten unterzeichnet. Sowohl protestantische als auch römisch-katholische Christen mit ökumenischer und evangelikaler Prägung aus Südafrika, Namibia, Südkorea, den Philippinen, El Salvador, Nicaragua und Guatemala ratifizierten das Dokument. Es schweißte Tausende von Menschen in diesen Kirchen zusammen und konnte nicht ignoriert werden.

Eine zweite neue Stimme war die „National Initiative for Reconciliation" (NIR). In dieser Organisation waren mehr als 400 Pastoren, Theologen und Leiter von überkirchlichen Gruppen vereinigt. Ich bekam eine Einladung für das erste Treffen im September 1986 in Pietermaritzburg. Wir wollten eine Antwort finden auf eine für uns als Kirche kritische Frage: Was sollten wir nach Gottes Willen angesichts der Gewalt und der Unnachgiebigkeit der Regierung in Südafrika tun? Das Treffen war deshalb so wichtig, weil eine große Delegation der Niederländisch-Reformierten Kirche anwesend war, die bisher die südafrikanische Regierung unterstützt hatte.

Unsere Hoffnung war, daß dies der Anfang eines bedeutungsvollen Dialogs sein würde – und die Hoffnung wurde erfüllt. Wir diskutierten tagelang, und das Resultat waren zahlreiche von der Synode der Niederländisch-Reformierten Kirche aufgesetzte Erklärungen, die die Apartheid verurteilten. Auf der Nationalen Konferenz der Kirchen im November 1990 in Rustenburg ging die Niederländisch-Reformierte Kirche sogar noch weiter: sie erkannte das Prinzip der Wiedergutmachung an.

Vom ersten Treffen an hatte die NIR eine starke Wirkung auf die weiße Gesellschaft. Sie führte ein ständiges Aufklärungsprogramm für die Weißen ein, die unter normalen Umständen gar nicht mit der schmerzlichen Realität der Apartheidspolitik in Berührung gekommen wären. Das wurde von vielen von uns begrüßt, die wir in unserem Dienst für die Versöhnung gekämpft hatten.

Wenn normale weiße Südafrikaner sähen, wie normale schwarze Südafrikaner nur wegen ihrer Hautfarbe diskriminiert werden, würde ihnen das vielleicht helfen, das Übel der Apartheid auf einer persönlicheren Ebene zu sehen.

Die NIR lieferte die Grundlagen, die wir brauchten, um weißen Menschen dabei zu helfen, Gott gehorsam zu sein und das dem System innewohnende Böse zu bekämpfen. Aus der Konferenz von 1986 erwuchs eine Reihe von Initiativen, Aktionen und Reaktionen, die das Potential zu einer Versöhnung zwischen Schwarzen und Weißen in sich bargen. Dazu zählten zum Beispiel: eine überkirchliche Evangelisationskampagne mit betont rassenübergreifender Akzentsetzung; ein Gebetskreis für Erneuerung, Heilung und Gerechtigkeit in Südafrika; die Planung öffentlicher Veranstaltungen für christliche Zeugnisse oder Gebete in verschiedenen Stadthallen.

Auf kirchlicher Ebene wurden Initiativen vorgeschlagen wie die Einführung von Diskussions- und/oder Bibelkreisen, in denen alle Rassen vertreten waren; die Planung zeitweiligen Kanzeltauschs zwischen schwarzen und weißen Pfarrern; schließlich der Versuch, daß weiße Kirchenmitglieder eine Nacht in einer schwarzen, christlichen Familie in einem Township verbrachten, um die dortigen Bedingungen einmal vor Ort zu erleben. Weitere Initiativen umfaßten Bildungsprojekte durch die Einrichtung von Fonds für eine bessere Ausbildung von Schwarzen; ein Engagement in Hilfs- und Entwicklungsprojekten zur Unterstützung der Armen; die Ausarbeitung von Arbeitsbeschaffungsmaßnahmen auf rassenübergreifender Basis.

Der Ruf nach Freiheit wurde nun von der Kirche verstanden und bestärkt und würde nicht mehr von Regierungstruppen in den Townships oder durch Präsident Bothas bittere Verleumdungen zum Schweigen gebracht werden können. Es wurde nun innerhalb des ökumenischen Spektrums der Kirchen unterstützt, wenn man Mitglied einer Gewerkschaft war, sich an politischen Protestmärschen beteiligte und für die Machtübergabe der südafrikanischen Regierung betete.

Als Evangelikaler, der sowohl an der MUCCOR als auch am KAIROS-Dokument beteiligt war, empfand ich es als immer belastender, daß meine Brüder und Schwestern so wenig Engagement in Fragen der Gerechtigkeit an den Tag legten. Ich sah mich allein auf einsamer Straße, eingekeilt von Ökumenikern auf der einen und pietistischen Separatisten auf der anderen Seite.

Es war eine echte Gebetserhörung, als einige andere schwarze Evangelikale begannen, sich einmal wöchentlich mit mir zu treffen, um füreinander zu beten und verantwortlich zu sein.

Wir wollten nicht den festen Boden des evangelikalen, auf der Autorität der Schrift basierenden Glaubens verlassen, konnten aber auf der anderen Seite nicht all die Ungerechtigkeit um uns herum ignorieren, die eine biblische Antwort forderte. Unsere Gruppe wurde bekannt als „Concerned Evangelicals" (CE).

Wir waren hauptsächlich schwarze, aus weißen Missionsgesellschaften hervorgegangene Christen. Alle diese Missionsgesellschaften wurden von weißen Missionaren geleitet, die, da sie aus verschiedenen Nationen und kulturellen Hintergründen kamen, alle möglichen theologischen Traditionen und konfessionellen Färbungen der Welt vertraten. Eines aber hatten sie gemeinsam: Sie waren nicht fähig, ihren Missionskirchen eine Theologie zu übermitteln, die bei den Schwarzen und ihren Bedürfnissen anfing, aus ihrem Kontext heraus sprach und sich auf ihre Kultur bezog. Alles war uns von außen aufgedrückt worden, ohne daß der schwarze Christ danach gefragt worden war, was er wollte oder brauchte.

Die Concerned Evangelicals waren davon überzeugt, daß etwas getan werden mußte, um diesen evangelikalen Christen zu helfen, die am Horizont erscheinenden Krisen zu bewältigen.

Da ging es zunächst um unsere Identität. Wer waren wir? Was glaubten wir? Als Gruppe schwarzer Christen, die Jesus Christus als ihren Herrn und Retter anerkannt hatten, entschieden wir uns für einen radikalen Gehorsam gegenüber der Schrift als Ausgangspunkt für die Entwicklung unserer Identität. Das bedeutete ein Bibelstudium aus der Sicht derer, die Armut, Gefangenschaft und Unterdrückung erlebt hatten. Wir lehnten den angesammelten und angemaßten Reichtum des Westens als Ausgangspunkt für unsere Identitätsfindung ab. Wir lehnten auch die Vorstellung der weißen Südafrikaner von einem Gott ab, der den Staat als allmächtig ansah, ausgestattet mit der göttlichen Vollmacht, all die umzubringen, die ihm im Weg standen.

Zweitens gab es eine wachsende Unterdrückung der schwarzen Gesellschaft durch Regierungskräfte und eine wachsende Entschlossenheit, sich dieser Unterdrückung zu widersetzen. Schwarzer Widerstand wurde mit brutalen Einsätzen von Militär und Polizei beantwortet, die bei einer beachtlichen Anzahl weißer Evangelikaler Unterstützung fand. Zugleich wurde sie von der großen Mehrheit der Schwarzen verurteilt – auch von schwarzen Evangelikalen. Die daraus sich ergebende Frage konnte nur lauten: Wie ist es möglich, daß Menschen, die sich Christen nennen, zwei entgegengesetzte Einstellungen zum Thema Gerechtigkeit in Südafrika haben?

Diese Frage führte unvermeidlich zum dritten Punkt: zur Krise in der Mission. Wie konnten schwarze Christen vor Weißen predigen oder Gemeinschaft mit ihnen haben, wenn es derartige Widersprüche gab? Wenn Gott auf der Seite der Armen war, wenn Christus unter den Armen gelebt hatte und gestorben war und „nichts hatte, wo er seinen Kopf hinlegen konnte", wie konnten Christen dann mit irgendeiner Autorität über Gott und Christus predigen, wenn sie gleichzeitig das Elend der Armen und Unterdrückten ignorierten? Dies hatte einen Stillstand in der Mission zur Folge, der Jahre anhalten sollte.

1986 veröffentlichten die CE ein Dokument mit dem Titel: „Evangelikales Zeugnis in Südafrika" (deutsch erschienen in: Rolf Zwick, Evangelium und Befreiungskampf, Neukirchen-Vluyn 1988). Ausgelöst wurde die Veröffentlichung durch ein Erlebnis, das wir während des von Juli 1985 bis März 1986 andauernden Ausnahmezustands hatten. Die Concerned Evangelicals hatten sich regelmäßig getroffen und über verschiedene Themen diskutiert, aber wir hatten nicht die Absicht, die Resultate unserer Diskussionen zu veröffentlichen. Wir wollten uns lediglich gegenseitig informieren, um in unserem persönlichen Dienst verantwortungsbewußt handeln zu können. Was uns letztendlich dazu zwang, an die Öffentlichkeit zu gehen, geschah Ende 1985.

In einigen Gebieten wurden Sperrstunden eingeführt, und die Sicherheitskräfte drangen in Schulen ein und verhafteten sogar achtjährige Kinder. Während eines unserer Treffen in einer Kirche in Orlando, Soweto, stürmten die Sicherheitskräfte die Schule neben der Kirche. Um der Gefangennahme zu entgehen, warfen die Schüler Fenster ein und sprangen durch das zerbrochene Glas, um zu flüchten. Dieselben Sicherheitskräfte drangen dann auch noch in eine 200 Meter entfernt liegende Schule ein. Wir waren hilflos und konnten nichts tun, um diese brutalen Aktionen zu stoppen.

Dann folgte ein gewaltsamer Gegenschlag. Die Schüler wurden so wütend über das, was die Sicherheitskräfte mit ihnen machten, daß sie auf die Straßen gingen und sich dort austobten. Sie warfen mit Steinen auf eine Reihe von vorbeifahrenden Lastwagen, und es gelang ihnen, einen in Brand zu stecken (den Fahrer hatten sie vorher gehen lassen).

Als diese neue Welle von Gewalt sich vor unseren Augen abspielte, fragten wir uns angstvoll nach der Rolle, die wir in dieser Situation zu spielen hatten. Wir hatten nicht in die vom Gesetz gebilligte, brutale Gewalt der Sicherheitskräfte eingegriffen, – was für ein Recht hatten wir also, in den Akt von Gegengewalt der Schüler einzugreifen? Wie sollten wir als schwarze, evangelikale Christen in dieser Situation reagieren? Dies würde ja sicher nicht das letzte Mal sein, daß wir in eine solche Situation gerieten, und wir wußten das. Wir mußten also einfach reagieren.

Von da an beauftragten wir bei jedem unserer Treffen einen aus der Gruppe, eine kurze Stellungnahme zu einem Thema zu schreiben, das speziell die aktuellen Bedingungen in unserer Gesellschaft betraf, um es sozusagen ganz neu aus evangelikaler Perspektive zu betrachten. Diese Schriftstücke wurden dann gesammelt und für einen größeren Leserkreis in Südafrika veröffentlicht. Pastor Frans Kekana, Frank Chikane und ich wurden gebeten, die Bearbeitung der Texte zu übernehmen.

Die Bearbeitung dessen, was das „Evangelikale Zeugnis in Südafrika" werden sollte, wurde sehr erschwert durch die Tatsache, daß Frank Chikane im Untergrund lebte. Er nahm jedesmal enorme Risiken auf sich, wenn er aus seinem Versteck kam, um die notwendigen Änderungen zu besprechen. Das hieß, daß wir unsere Verabredungen mit sehr viel Vorsicht zu treffen hatten: ein Fehler, und ich würde ihn verfehlen oder sein Versteck aufs Spiel setzen oder, was noch schlimmer gewesen wäre, zu unserer beider Gefangennahme durch die Sicherheitskräfte beitragen. Wenn wir heute auf diese heimlichen Aktivitäten zurückblicken, können wir gottlob darüber lachen. Damals war es für uns eine Angelegenheit von tiefem Ernst.

Der letzte Abschnitt des „Evangelikalen Zeugnisses in Südafrika" faßte unsere Gedanken zusammen:

> *Wir rufen alle bewußten Evangelikalen in Südafrika auf, sich als mutige Zeugen der frohen Botschaft vom Heil, von Gerechtigkeit und Frieden unerschrocken zu erweisen. „Ihr habt nicht empfangen den Geist der Knechtschaft, daß ihr euch abermals fürchten müßtet" (Röm. 8,15), wie es viele von uns taten. Wir müssen jetzt standhaft bleiben, auch wenn das Verfolgung durch irdische Systeme bedeutet. Denn wenn wir jetzt versagen, setzen wir unsere Glaubwürdigkeit für die Zeit nach der Befreiung aufs Spiel, denn wir wollen uns nicht in die Gesellschaft der Heuchler dieser Welt begeben.*

Mit Unterstützung des Instituts für Kontextuelle Theologie konnten wir 1.500 Exemplare unseres Buches drucken und verteilen.

Was 1985 als Zusammenschluß von sieben Männern begonnen hatte, ist bis heute zu einer nationalen Bewegung angewachsen, die ein anerkanntes Studienhaus für Evangelikale Theologie an der Universität von Natal auf dem Campus von Pietermaritzburg gegründet hat. Im Moment studieren dort elf Studenten für die Erlangung eines theologischen Grades. Zusätzlich initiierten die CE regelmäßig Kampagnen und Seminare über breitgestreute Themen im Zusammenhang mit der Dritte Welt/Erste Welt-Problematik in Südafrika sowie Verkündigungs- und Vortrags-Seminare über Strategien, die die Armen und Unterdrückten dazu befähigen, ganzheitliche Menschen in allen Bereichen des Lebens zu werden.

Es gab noch zwei weitere Stimmen, die in den Chor der Leidenden in Südafrika einstimmten. Sie kamen aus zwei völlig verschiedenen Richtungen. Eine von ihnen war Rev. Michael Cassidy mit seinem Buch „The Passing Summer". Obwohl es aus der Sicht eines weißen südafrikanischen Protestanten geschrieben war, der den „vergehenden Sommer" weißer Privilegien als Bedrohung des Friedens und der Stabilität in der Region im Blick hatte, sprach aus dem Buch eine klare Warnung: Diesem Land droht eine Katastrophe, wenn die Weißen nicht wirklich bereuen und die Schwarzen nicht mit Vergebung antworten.

Ein zweites Buch – „God in South Africa" von Pater Albert Nolan – porträtiert ein Südafrika, in dem „christliches Leben nicht richtig interpretiert werden kann, wenn die Interpretation nicht aus der Gesellschaft der Unterdrückten kommt". Obwohl die beiden Männer die Krise in Südafrika aus völlig verschiedenen Blickwinkeln betrachteten, war klar, daß sie beide das kritische Stadium erkannt hatten, in dem sich das Land Ende 1988 befand.

Mein Amt als Vorsitzender der CE machte es mir möglich, die Themen zur Sprache zu bringen, die von der Kirche angepackt werden mußten, wenn sie als prophetische Stimme gehört werden wollte. Je mehr ich die Kirche dazu aufforderte, die politische Situation ernst zu nehmen, desto mehr erkannte ich, wie wenig wir darauf vorbereitet waren, überhaupt mit den Problemen umzugehen, für die wir eine Lösung anstrebten. Es reichte nicht, ein Eintreten der Kirche für eine Landreform zu fordern, wir mußten auch wissen, wie man eine solche durchführen konnte. Und noch eine Frage stand im Raum: Gibt es biblische Grundsätze für diese strittigen Fragen? Wenn ja, dann welche, und wie können wir sie so vorbringen, daß sie vom Rest der Gesellschaft und den politischen Führern gehört werden?

Es gab eine neue Organisation, die sich „Jubilee Initiative" nannte. In ihr fand ich ein Forum, um biblische Werte auf die Gesellschaft anzuwenden. Die Jubilee Initiative war gegründet worden, um auf der Bibel basierende Alternativen für eine Führung Südafrikas zu suchen. Genau das hatte ich gesucht.

Eingeführt wurde ich in diese Gruppe von Vordenkern bei einer Einladung von Dr. Michael Schluter vom Jubilee Center in Cambridge, England. Er hatte einige von uns zu sich gebeten, weil er gerne etwas für die Situation in Südafrika tun wollte. Dr. Schluter hatte viele Jahre mit der

Weltbank in Kenia zusammengearbeitet und für sie wichtige Nachforschungen angestellt, aufgrund derer die Bank dann politische Entscheidungen über Investitionen in den ländlichen Gebieten Ostafrikas traf.

Die Jubilee Initiative argumentierte, daß es möglich sein müßte, an die Mittelschicht heranzukommen – an Leute also, die erkannten, daß das Verbindende stärker war als das Trennende, – und zwar deshalb, weil die Mehrheit der Südafrikaner von sich behauptete, Christ zu sein, oder wenigstens die christlichen Werte anerkannte.

Die Jubilee Initiative gab Untersuchungen zu einem breiten Spektrum von Themen in Auftrag: zur Landreform, zur Verstädterung und zum Wohnungsbau, zum Geschäftsleben (Besitzverhältnisse und Strukturen), zum Bildungssystem, zum Verteidigungs- und zum Sicherheitssystem.

Mit der Zeit wurde die Initiative zu einer ausschließlich südafrikanischen Organisation, die sich vollständig aus ihrer Bindung an England löste. Bevor es aber soweit war, erschien ein skandalöser Artikel in der „New Nation", einem Wochenblatt, das von den Schwarzen als Sprachrohr der progressiven Organisationen innerhalb der Demokratischen Massenbewegung angesehen wurde. In dem Artikel wurde behauptet, daß es sich bei der Jubilee Initiative um ein ausländisches Konzept handle, das keinerlei Unterstützung von der Basis im Land habe. Kurz, sie wurde dargestellt als ein weiterer neokolonialistischer Versuch britischer Konservativer, die „friedliebenden Kirchenführer" zu manipulieren, damit sie die Befreiungsbewegung daran hinderte, die Apartheid zu beenden.

Der Artikel war so bösartig, daß durch ihn meine Glaubwürdigkeit innerhalb der Demokratischen Massenbewegung hätte zerstört werden können. Ebenso hätte er ein schlechtes Licht auf Youth Alive, die Eben-Ezer Evangelical Church und die Concerned Evangelicals werfen können, weil ich der Leiter von allen dreien war. Ich mußte also dieses falsche Bild von mir und die verzerrten Berichte über die Jubilee Initiative wieder ins rechte Licht rücken. Das aber stellte sich als eine schwierige Aufgabe heraus.

Als der Artikel in Johannesburg erschien, war ich gerade in den Vereinigten Staaten. Chumi rief mich an, um mir von ihm und seiner Wirkung auf die Gesellschaft zu berichten. Ich mußte sofort reagieren. Ich schrieb einen Widerruf und faxte ihn direkt an die „New Nation". Meine Antwort auf den Artikel wurde sofort veröffentlicht, aber der Effekt meines Briefes war nicht im geringsten so durchschlagend wie der Originalartikel. Nach Südafrika zurückgekehrt, ging ich zum Angriff über. Ich rief Führungspersönlichkeiten wie Zwelakhe Sisulu an, den Herausgeber der Zeitung und ein Mann von Integrität und Weisheit, dem von der Regierung oft die Kontrolle über sein Blatt entzogen wurde. Er reagierte sehr verständnisvoll und schrieb einen zusätzlichen Artikel, in dem ich meinen Standpunkt noch einmal darlegen konnte.

Währenddessen forderten meine Brüder und Schwestern von den Concerned Evangelicals mich auf, mich aus der Jubilee Initiative zurückzuziehen. Mein weiteres Engagement dort konnte ihrer Ansicht nach ihre Arbeit beeinträchtigen. Ich bat sie um ein Überdenken dieser Forderung, weil mir einerseits selbst sehr viel an der Arbeit in der Initiative gelegen war und weil sich mein Rücktritt andererseits auch auf meine Mitstreiter dort negativ ausgewirkt hätte.

So schwierig es war, zu der Initiative zu stehen, ich bin froh, daß ich es getan habe. Inzwischen verhandeln wir mit verschiedenen Schlüsselorganisationen wie zum Beispiel der Südafrikanischen Katholischen Bischofskonferenz, dem Institut für Kontextuelle Theologie und dem Südafrikanischen Kirchenrat. Sie alle sehen die Notwendigkeit eines evangelikalen Beitrags zur politischen Debatte. Die Bestätigung durch diese Organisationen hat der Initiative einen wesentlich weitreichenderen Einfluß gegeben, als wir vor der Veröffentlichung des niederträchtigen Artikels voraussehen konnten. Letztendlich hat sich alles zum Guten gewendet.

18
Youth Alive und Eben-Ezer Evangelical Church

Ich wurde 1967 durch die Arbeit von Youth Alive bekehrt. Damals forderten viele afrikanische Theologen und Politiker ein Verbot ausländischer Missionsarbeit in Südafrika. Mit dem Aufkommen des afrikanischen Nationalismus versuchte man, alles auszurotten, was irgendwie nach kulturellem Imperialismus und der kolonialen Ära roch. Für Youth Alive bestand diese „koloniale Ära" in der einen oder anderen Form bereits seit dem neunzehnten Jahrhundert.

Damals kam die britische „South Africa General Mission" nach Cape Town, um die Leute zum Glauben zu bringen und unter den afrikanischen Völkern Kirchen zu gründen. Als die Mission wuchs und sich nach Norden hin ausbreitete, kamen zu den britischen Missionaren amerikanische und australische hinzu, und der Name der Gesellschaft wurde in „African Evangelical Fellowship" (AEF) geändert, um den internationalen Charakter der Organisation zu zeigen.

Aus dieser Organisation kamen der amerikanische Missionar Allen Lutz und seine Frau, die 1960 Youth Alive gründeten. Zusammen mit dem afrikanischen Ehepaar Nkosi begannen sie ihre Missionsarbeit inmitten des Elends von Soweto. Zur gleichen Zeit gründete die AEF die „Africa Evangelical Church" in Soweto, zu der ich später gehörte. Die AEF sah sich als Mutterorganisation für die Arbeit von Youth Alive und gab der Familie Lutz aktive Unterstützung, während sie ihre eigene Arbeit weiter ausbaute.

Am Anfang war die Arbeit getragen von riesigen Erwartungen und Hoffnungen. In den ersten Jahren arbeiteten die Schwarzen und die Missionare eng zusammen. Mit der Zeit wurde die Beziehung zwischen AEF und Youth Alive jedoch schlechter, vor allem aufgrund der Tatsache, daß es immer mehr schwarze Leiter in der Organisation gab.

Die Missionare merkten, daß sie die Kontrolle verloren. Die Situation wurde noch dadurch verschärft, daß Allen Lutz sich zum Ziel gesetzt hatte, Youth Alive völlig unabhängig zu machen von der AEF und sich selbst innerhalb der nächsten zehn Jahre vollständig aus der Organisation zurückzuziehen. 1976 hatte er die zehn Jahre bereits überschritten und wollte seine Verantwortung abtreten. Er war gegen die weitere Anwesenheit von Missionaren in der Organisation und fühlte, daß es Zeit war zu gehen. Die AEF billigte jedoch seinen Weggang nicht; die Vorstellung einer schwarzen Leitung war undenkbar für sie. Sie hielten an ihrer alten rassistischen Vorstellung fest, daß Schwarze nicht in der Lage seien, die selbständige Leitung von Organisationen zu übernehmen. Trotz der diskriminierenden Meinung der Mutterorganisation über schwarze Südafrikaner war Youth Alive zu dem Zeitpunkt meine geistliche Heimat. Die Leiter lehrten mich, daß Jesus Herr ist über alle Bereiche des Lebens und daß jeder ein Mensch ist. Sie nährten meine geistlichen Wurzeln und halfen mir, meine Verantwortung für das südafrikanische Dilemma zu sehen. Nach dem Weggang von Allen Lutz 1976 wurden unsere Verbindungen zu anderen Organisationen verstärkt, und ich wurde gebeten, neuer Exekutivdirektor zu werden.

Meine erste Aufgabe als Youth Alives erster hauptamtlicher Direktor nach den Aufständen von 1976 war, die Organisation neu zu strukturieren. Die von mir geplanten Veränderungen waren stark beeinflußt vom Tod vieler Tausender junger Leute bei den Aufständen zwischen Juni und November 1976 und von den Tausenden von Schülern und Studenten, die ins Exil geflohen waren, um sich dort Befreiungsbewegungen anzuschließen. Dazu kam, daß Youth Alive zur religiösen Gesellschaft der Schwarzen gehörte, die von da an die Kirche dazu aufriefen, auf das unermeßliche menschliche Leiden, das uns umgab, und auf die dieses Leiden hervorrufenden Strukturen zu reagieren.

Wir änderten den Namen in „Youth Alive Ministries" (YAM), um noch deutlicheres Gewicht auf den Dienst zu legen; YAM sollte in ganzheitlicherer Weise für die Bedürfnisse unserer jungen Leute dasein. Wir legten auch weiterhin Wert auf ein gut durchorganisiertes örtliches Hilfs- und Entwicklungsprogramm, förderten öffentliche Debatten über Themen der sozialen Gerechtigkeit und verkündeten gleichzeitig das Evangelium, um junge Leute zum Glauben zu bringen. Eine neue Satzung wurde eingeführt, die sich an den demokratischen Prinzipien orientierte und die später zum umkämpften Leitmotiv vieler anderer schwarzer Organisationen wurde. Aus der Kraft dieser Satzung heraus war es möglich, daß YAM über die Grenzen von Soweto hinaus wachsen konnte bis nach Cape Town, Zululand, Simbabwe und Swaziland.

Unser Problembewußtsein bezogen auf Fragen der sozialen Gerechtigkeit wurde immer reifer, und so bestand eine der Herausforderungen, die an unsere Leiter gestellt wurden, darin, diese Themen auch der ausländischen Missionsgesellschaft nahezubringen. Sie hatte YAM unterstützt, aber nun wurde sie unsicher, weil wir einen Gott predigten, der Gerechtigkeit nicht nur vom einzelnen, sondern auch von den Regierungen forderte.

Es war sicherlich sehr schwer für weiße Missionare, den Kampf der Schwarzen vollständig zu verstehen. Einerseits waren sie der Meinung, daß Politik und das Reden von politischen Veränderungen nicht Teil des Verkündigungsauftrags seien; die Rettung der Seelen sei das einzig Wichtige. Für sie handelte es sich dabei einfach um zwei verschiedene Dinge. Auf der anderen Seite lebten sie nicht bei den afrikanischen Schwarzen, unter denen sie arbeiteten und denen sie die frohe Botschaft verkündigen sollten; sie konnten deshalb gar nicht ermessen, welches Leiden wir an jedem Tag unseres Lebens ertragen mußten. Sie konnten – oder wollten – nicht sehen, wie bösartig die Apartheid war und wie wir als Rasse minderwertiger Bürger behandelt wurden. Sie zogen sich nachts in ihren ausschließlich von Weißen bewohnten Vorort und zu ihren schwarzen Dienstmädchen zurück und vergaßen unsere Qual.

Das begrenzte Wissen der Missionare über die schwarze Gesellschaft war jedoch immer noch weit größer als das der weißen Südafrikaner, die die Schwarzen fürchteten und verachteten. Trotzdem war es schwer für Missionare, die Veränderung nachzuvollziehen, die sich nach den Aufständen von 1976 in der schwarzen Jugend vollzogen hatte. Sie konnten das Bild der wütenden, verbitterten, vom Haß gegen die Weißen geprägten Jugendlichen, die jetzt die Missionare vom Gelände ihrer Hochschulen vertreiben wollten, nicht in Einklang bringen mit dem der glücklichen, klatschenden und Kirchenlieder singenden Jugendlichen, die in ihre Sonntagsschulen gekommen waren.

Die Aufstände von 1976 machten den Graben zwischen uns und dem Establishment ausländischer Missionare noch größer. Viele von ihnen kamen nach Ausbruch der Unruhen nicht mehr nach Soweto. Sie fürchteten um ihr Leben, rechtfertigten sich aber damit, daß ihre schwarzen Brüder und Schwestern wegen ihrer Verbrüderung mit dem „Feind des Volkes" für „Onkel Toms" oder Verräter gehalten werden würden. Und da sie ihre Geschwister im Herrn nicht gefährden wollten, brächten sie lieber das „Opfer" und blieben dem Township fern. Die Folge war, daß viele dieser Missionare völlig den Kontakt zur Wirklichkeit der Schwarzen und zu ihren Forderungen verloren. (Während die evangelischen Missionare Soweto flohen, blieben die katholischen und episkopalen Nonnen und Priester trotz wiederholter Anschläge auf ihr Leben in den Townships wohnen. Das gab dem Zeugnis dieser zwei großen Kirchen

Glaubwürdigkeit.) Wir von Youth Alive Ministries konnten nicht anders, als uns auch mit diesen Realitäten auseinanderzusetzen, wenn wir den jungen Leuten, die zu uns kamen mit Fragen zu Ungerechtigkeiten, die ihnen und ihren Familien angetan worden waren, das Evangelium verkündeten. Wir konnten diesen Themen nicht ausweichen, sie mußten angegangen werden.

Es waren nicht nur die ausländischen Missionare, die sich YAM's neuer Auffassung von Dienst entgegensetzten, sondern auch eine Reihe schwarzer evangelischer Pfarrer. Diese Pastoren hatten die alte Zweiteilung von geistlichen und sozialpolitischen Forderungen des Evangeliums übernommen. Zwar mögen sie die Apartheid gehaßt haben, aber sie hätten nie etwas gegen sie gesagt; denn solcherlei Aussagen hätten politisch wirken können, und sie waren gegen jegliche Vermischung von Politik und Religion. Es war, als ob die Aufstände von 1976 nie stattgefunden hätten.

Einige dieser Pastoren waren auch gegen uns, weil sie den Weißen nicht zu nahe treten wollten, denn sie waren finanziell von ihnen abhängig. Es machte mich tieftraurig, wenn ich Pastoren sagen hörte, daß man es den weißen „Vorgesetzten" nicht sagen dürfe, wenn man mit ihnen nicht einer Meinung sei – sie könnten ihre finanzielle Unterstützung streichen, und dann müßte man vielleicht hungern.

Viele von uns mußten damals am Anfang hungern. Wir zahlten einen Preis für unseren Glauben, und wir hätten das Evangelium nicht aufs Spiel gesetzt, nur um unsere Mägen zu füllen. Aus irgendeinem Grund zu schweigen wäre ein Verrat dessen, was wir als Wahrheit erkannt hatten.

Außerdem erlebten wir, wie junge Leute zum Glauben an Christus kamen. Deshalb hätte eine Änderung der Strategie zu diesem Zeitpunkt bedeutet, unseren Auftrag zu verraten: nämlich den, für alle Bereiche des Lebens dieser jungen Leute zu sorgen. Wir vertrauten darauf, daß bald auch ein großer Teil der evangelikalen Welt Südafrikas und der westlichen Länder dies erkennen und akzeptieren würden. Ich war damals wie heute davon überzeugt, daß unsere Botschaft, hätten wir sie in Krisenzeiten angepaßt, nach der Krise keine Botschaft mehr gewesen wäre.

Youth Alive wollte junge bekehrte Christen nicht dazu bringen, ihren Glauben von ihrem persönlichen Leben zu trennen, das oft geprägt war von Arbeitslosigkeit, Qualen, Demütigungen und Verzweiflung. Genausowenig konnten wir ihnen erlauben, die Apartheid, die sie zu Sklaven machte, zu verdrängen oder zu vergessen. Wir wollten, daß sie sich Gemeinden anschlossen, die das Evangelium des Glaubens und der Umkehr lebten und gleichzeitig sensibel waren für das Böse der Apartheid.

Wenn es schon für Missionare in Südafrika schwer war zu verstehen, was wir taten, so war es für Menschen in den Vereinigten Staaten und Europa noch viel schwerer. Viele dieser Christen brandmarkten uns als „Kommunisten", weil sie unsere Opposition gegen den Staat für unbiblisch hielten und weil sie den von der südafrikanischen Regierung propagierten Lügen glaubten. In diesen Ländern waren es einige, die sich von uns distanzierten. Das war für mich persönlich sehr schmerzlich. Ich hatte im Westen studiert und in Hunderten von Kirchen über unsere Arbeit und ihr Ziel gesprochen. Das Mißverstehen unserer Situation vertiefte meinen Schmerz, festigte aber auch meine Entschlossenheit, nicht lockerzulassen. Ich danke Gott, daß wir nie in Versuchung gerieten, unsere Ansprüche herunterzuschrauben oder die Verkündigung des Evangeliums und den Aufruf zu sozialer Gerechtigkeit aufzugeben. Der entscheidende Unterschied zwischen YAM und den von Missionaren gegründeten schwarzen Kirchen lag in der Ausübung von Kontrolle. YAM konnte unabhängig handeln, das konnten diese Kirchen nicht. Sie waren von der finanziellen Unterstützung ihres Missionsmutterhauses abhängig und mußten sich daher dessen Linie anpassen. Wir taten das nicht. Der einzige Nachteil unserer Unabhängigkeit war, daß wir um so härter arbeiten und kämpfen mußten, um finanziell über die Runden zu kommen.

Bei meinen Vorträgen in nordamerikanischen Kirchen hatte ich schon im voraus viele potentielle Unterstützer für unsere Arbeit in YAM gefunden. Dort waren Männer und Frauen, die für uns beten und uns finanziell unter die Arme greifen wollten. Was wir uns nun wünschten, war eine Organisation in den Staaten, die YAM in Soweto regelmäßige finanzielle Unterstützung zukommen ließ.

Für mich war die African Evangelical Fellowship der natürlichste Ansatzpunkt. Nach mehreren Treffen mit dem Generalsekretär wurde meine Anfrage nach AEF-Geldern für YAM jedoch abgelehnt. Ich war schockiert.

Ich merkte, daß angesichts der sich ändernden Zeiten die alten Wege verschlossen blieben. Man sagte mir, daß ich nicht „fremd", nicht „ausländisch" genug wäre, um mich in Südafrika für den Beruf des Missionars zu qualifizieren. Deshalb könne ich mit meinem besonderen Auftrag – Youth Alive – nicht unterstützt werden. Ebenso wurde mir mitgeteilt, daß ich nicht auf den gleichen Wegen wie ausländische Missionare an Gelder herankäme. Außerdem könne ich nicht mit den gleichen Maßstäben bemessen werden wie sie, weil ich „Einheimischer" sei und meine Bedürfnisse deshalb andere wären als die weißer Missionare. Die Ablehnung durch die AEF war eine Beleidigung für mich und meine eindeutige Berufung durch Gott, bei Youth Alive Ministries zu arbeiten und zu dienen – eine Berufung, die vom Vorstand der AEF selbst bestätigt worden war. Aber die Entscheidung war endgültig.

In den folgenden Monaten dachte ich darüber nach, wie die Angelegenheit gelaufen war, und begann, Missionsgesellschaften und ihre Strategien in der Mission zu studieren. Dabei stellte ich immer mehr fest, daß die von ihnen aufgestellten Strukturen tatsächlich die Unterwerfung der schwarzen Einheimischen unter die weißen Missionare förderte.

Westliche Missionare mußten sich nie gegenüber der lokalen Kirche in ihren Arbeitsgebieten verantworten, ihre Aktivitäten wurden vielmehr bestimmt durch ein Gremium, in dem kein einziger schwarzer Südafrikaner saß, sondern ausschließlich andere Missionare. Schwarze wurden weder zu den entscheidungsbildenden Prozessen hinzugebeten, noch waren sie erwünscht. Tragischerweise waren es die westlichen Missionare, von deren Entscheidungen das Schicksal der schwarzen Kirche abhing.

Als ich einem Missionar in den Vereinigten Staaten einmal den Paternalismus seiner Mission vorhielt, sagte er: „Ich arbeite seit dreißig Jahren mit schwarzen Südafrikanern, ich weiß, was sie brauchen." Gemeint war, daß wir auch weiterhin die Obhut von Missionaren bräuchten, weil wir nie reif genug wären, um eigene Entscheidungen zu treffen.

Zu dem Problem trug noch die Tatsache bei, daß es keinerlei Gemeinschaft gab zwischen den von Missionaren geleiteten Gemeinden innerhalb der schwarzen Gesellschaft. Alles, was es an Beziehungen gab, ging von der schwarzen Gemeinde aus nach oben zum Missionsrat, der an der Spitze der Kirche stand. Das hieß, daß schwarze Protestanten innerhalb ihres Kontextes und Umfelds nie gemeinsam über ihre Probleme nachdachten. Diese unglückliche Situation besteht bis heute.

Wenn wir in einem sich wandelnden Südafrika wirksame Zeugen sein wollten, dann mußten wir, die Gemeinschaft der schwarzen Protestanten, uns frei machen von unzeitgemäßen Strukturen und überholten Missionspraktiken.

Ich erkannte auch die Notwendigkeit einer Kirche, in der ich zusammen mit meinen schwarzen Brüdern und Schwestern so arbeiten konnte, daß ihre Körper und Seelen angesprochen würden, aber niemals eins ohne das andere. Ich suchte nach einer Art, evangelisch zu sein, die zu Soweto paßte, nach einem Ort, an dem um das Herz und den Verstand junger Leute gekämpft wurde.

Früher war ich Laienmitarbeiter in der African Evangelical Church gewesen und hatte unter der Leitung von Rev. Sipho Bhengu, dem dortigen Pfarrer, gearbeitet. Obwohl ich kein Pastor war, durfte ich Predigtdienst tun und in der Seelsorge mit jungen Leuten arbeiten. Ich lernte diese Kirche lieben, und sie half mir, meinem Wunsch nach dem hauptamtlichen Dienst Gestalt zu geben. Ich war überzeugt davon, daß die Kirche am Ort innerhalb von Gottes Erlösungswerk die Rolle des Kritikers übernehmen sollte. Mein tiefster Wunsch war, ebenfalls teilzuhaben an diesem Erlösungswerk. Bevor ich Südafrika 1970 verließ, um in den Vereinigten Staaten zu studieren, wurde ich gefragt, ob ich Rev. Bhengus Assistent werden wollte. Ich nahm das Angebot an.

Während des Jahres, das ich mit ihm zusammenarbeitete, wuchsen mein Glaube und meine Kenntnisse von Jesus Christus, und ich baute meine Fähigkeiten als Prediger und Seelsorger aus. Die Kirche wuchs, und ich wußte, daß ich, was immer mich in den Vereinigten Staaten erwartete, hierhin zurückkehren würde.

Während meiner Abwesenheit stand ich in ständiger Verbindung mit Rev. Bhengu, und seine Briefe ermutigten mich bei meinen Studien. Was in unserer Korrespondenz jedoch nicht angesprochen wurde, waren unsere immer unterschiedlicher werdenden Meinungen über die politische Lage in Südafrika.

Meine Einstellung zu einem politischen Engagement war viel progressiver geworden. Ich war nicht länger einverstanden mit der traditionellen Rolle der Schwarzen in Südafrika. Meiner Meinung nach mußte die Kirche zu einer prophetischen Stimme werden, die zu politischen Organisationen spricht, gleich ob sie für oder gegen die Regierung, lokal begrenzt oder national waren.

Als ich fünf Jahre später zurückkehrte und mich wieder der Gemeinde anschloß, waren unsere Ansichten so unterschiedlich geworden, daß ich mich dort nicht mehr wohl fühlte. 1979 wurde mir klar, daß ich nicht länger Teil dieser Kirche sein konnte. Ich legte mein Amt als Hilfspastor nieder und verließ die Gemeinde. Die ganze Sache machte mir schwer zu schaffen. Denn wenn die Kirche gespalten ist oder

Mitglieder sich genötigt sehen, sie zu verlassen, dann haben die Mächte der Finsternis einen weiteren Sieg errungen.

Zunächst wollte ich mich einer benachbarten Gemeinde des AEC anschließen, der auch ein enger Freund von mir, Joshua Malefaka Bodibe, genannt „Faki", angehörte. In Faki sollte ich den unermüdlichsten Mitarbeiter während der kommenden drei Jahre finden – und einen der weisesten unter den Männern, die Seite an Seite mit mir arbeiteten. Er war unabhängiger Geschäftsmann gewesen, bevor er sich Youth Alive anschloß. Wie oft hat er, wenn ich das Handtuch werfen wollte, mit mir geredet und mir klargemacht, daß ich eine einzelne Schlacht nicht mit einem Krieg verwechseln durfte. Ich bin dankbar für diesen Menschen, dessen sichere und leichte Art mir geholfen hat, meinen Gleichmut nicht zu verlieren, wenn um mich herum die politischen und religiösen Stürme tobten.

Während ich noch darüber nachdachte, was ich tun sollte und wo ich meine pastoralen Gaben einsetzen konnte, begann ein kleine Gruppe ehemaliger Mitglieder der Gemeinde von Rev. Bhengu, sich im Wohnzimmer eines Hauses zu treffen, um gemeinsam Gottesdienst zu feiern und zu beten. Diese Gruppe kämpferischer Christen hatte sich von einer von weißen Missionaren kontrollierten Kirche losgesagt und wollte nun eine Art Kirche formen, die das Evangelium ernsthaft in den Kontext von Soweto einbrachte. Ihre Entschlossenheit, die Kirche so zu strukturieren, daß sie den tatsächlichen Bedürfnissen der Menschen zugute kam – und nicht dem, was man von außen Bedürfnis nannte –, war ein radikaler Bruch mit der Vergangenheit. Die Gruppe begann, immer mehr Menschen anzuziehen, und bald mußte sie für ihre Gottesdienste in eine Doppelgarage umziehen. Sie luden mich ein, mich ihnen anzuschließen.

Die Entscheidung war nicht einfach für mich. Würde ich mich dieser abgespaltenen Gruppe anschließen, könnte das – davon war ich überzeugt – so ausgelegt werden, als ob ich Spaltungen unter Kirchenmitgliedern förderte. Ich nahm den Ruf an unter der Bedingung, daß wir versuchen würden, eine Versöhnung mit Rev. Bhengu zu erreichen.

Während der folgenden achtzehn Monate probierten wir alle Wege aus, die zu einer Versöhnung und Heilung hätten führen können. Aber sie erwies sich als unmöglich. Nach dieser Zeit unterließen wir alle weiteren Versuche.

Die Zahl unserer Mitglieder wuchs von Woche zu Woche, und wir mußten von der Doppelgarage in ein Klassenzimmer in Dobsonville umziehen. Im Juli 1982 trennten wir uns endgültig von der alten Kirche. Nachdem wir in der Gemeinde tagelang gebetet und diskutiert hatten, gaben wir öffentlich unsere Absicht bekannt, uns als Eben-Ezer Evangelical Church zu konstituieren. „Eben-Ezer" bedeutet: „Bis hierher hat Gott uns geführt", und das schien uns ein passender Name zu sein für eine Gemeinde, die während der vergangenen zwei Jahre – trotz der rassischen und religiösen Unruhen – zahlenmäßig und in ihrem geistlichen Verständnis so sehr gewachsen war.

Zwar hatten wir viele Auseinandersetzungen untereinander, aber wir existierten und wurden immer mehr. Wir hatten eine sorgfältig ausgearbeitete Verfassung, in der unsere Ideale von geistlichem Dienst und sozialer Verantwortung niedergelegt waren. Wir hatten uns dazu verpflichtet, ein aus mehreren Leuten bestehendes Leitungsgremium zu bilden, die Bibel als maßgebliches Wort Gottes zu verbreiten, die Botschaft des Evangeliums allen zu predigen, die sie hören wollten, und uns zu den sozialpolitischen Umständen zu äußern. Es war nicht einfach, dies alles in der Waage zu halten, aber wir wußten, daß wir dazu aufgerufen waren, die Botschaft Gottes in ihrer Ganzheit zu verkünden.

Sieben Jahre blieben wir in diesem Klassenraum, und während der Zeit vergrößerten wir uns so sehr, daß wir eine Schwesterkirche in Mohlakeng, einem etwa sechzehn Kilometer entfernten Township gründen konnten. Diese Gemeinde wird zur Zeit von Moss Ntlha, dem nationalen Koordinator der Concerned Evangelicals, und seiner Frau Khumo geleitet.

Eine der größten Herausforderungen, der wir uns stellen mußten, war die Notwendigkeit eines bleibenden Kirchenraumes. Auch wenn wir uns wohl fühlten, wo wir waren, konnten wir dort nicht für immer bleiben: Das Ministerium für Erziehung hatte eine Anweisung an alle Schulleitungen gesandt, die besagte, daß Schulgebäude fortan ausschließlich für schulische Zwecke genutzt werden dürften. Einige Zeit hatte der Direktor der Schule die Anweisung ignoriert, aber für uns war die Zeit gekommen, uns nach einem anderen Ort umzusehen.

In Soweto ist das ein schwieriges Unterfangen. Um Land erwerben zu können, mußte man entweder gute politische Beziehungen haben oder zu einer großen christlichen Kirche gehören. Bei uns traf weder das eine noch das andere zu. Wir brauchten vier lange Jahre, bis wir die örtlichen Behörden dazu überreden konnten, uns ein Grundstück in Dobsonville zu überlassen. Wir bezahlten 10.000 Rand (etwa 6.500 DM) dafür. Das waren die Ersparnisse von sieben Jahren, sämtliche Beiträge und Spenden. Wir hatten keinen Pfennig mehr, aber wir hatten die Krise überstanden. Mit viel Erfindungsgeist bekamen wir in den darauffolgenden drei Jahren 50.000 Rand (35.000 DM) zusammen und bauten den ersten Teil unserer Kirche.

Die Gemeinde wollte keine bezahlten, hauptamtlichen Pfarrer. Wir wollten ein neues Leitungsmodell ausprobieren. Es sollten diejenigen die Leitung der Kirche übernehmen, die die in der Bibel beschriebenen Gaben dafür hatten (Römer 12, 1. Korinther 12 und Epheser 4). Sie sollten Vorbilder sein für eine gute Leitung der Kirche. Das bedeutete aber auch eine Loslösung von den alten, hierarchischen und führungsbetonten Leitungsformen, die uns von den Missionaren beigebracht worden waren. Weil wir keine Gehälter zahlen mußten, hatten wir mehr Geld für die Gemeindemitglieder, die Mangel litten. Viele unserer Leute lebten in zusammengezimmerten Wellblechhütten, und wir konnten ihnen helfen, über das Existenzminimum hinauszukommen.

Im November 1987 begannen wir zu bauen. Bürokratische Hindernisse und endlose technische Schwierigkeiten zögerten die Fertigstellung des Gebäudes um mehr als ein Jahr hinaus. Aber im März 1990 zogen wir um und weihten den ersten Teil des Gebäudes feierlich ein.

Am ersten Sonntag im März kamen mehr als 150 Menschen zu einem freudigen Fest in die Kirche. Eine große Ermutigung für uns – und die langersehnte Verwirklichung eines Traumes.

Nachwort

Im Laufe der Jahre haben Chumi und ich zusammen mit der Eben-Ezer Church und ausländischen Freunden zum Ausdruck gebracht, was wir über Partnerschaft denken. Wir sind davon überzeugt, daß wahre Partnerschaft sich auszeichnet durch Gegenseitigkeit, Verantwortlichkeit und Verfügbarkeit. Eine Reihe von Kirchen jenseits des Ozeans hatte zusammen mit Eben-Ezer und, wo möglich, auch mit Youth Alive Ministries versucht, diese Ideale in die Wirklichkeit umzusetzen.

Mit einer Kirchengemeinde in Deutschland und einer in den Vereinigten Staaten haben wir lebendige Partnerschaften begonnen, die uns die Möglichkeit gegenseitiger Mission eröffneten. Wir haben angefangen, unsere Gaben und Fähigkeiten zu teilen. Dadurch haben sich alte Sichtweisen geändert, und alte Schranken sind gefallen.

Ich grüße meine Brüder und Schwestern von der Kirchengemeinde Heckinghausen in Wuppertal, Deutschland, die darum kämpfen, mitten in der Volkskirche eine lebendige Gemeinde zu sein und eine glaubwürdige Verbindung zwischen der Verkündigung des Evangeliums und dem sozialen Dienst herzustellen. Sie haben uns unterstützt und andere Menschen in Deutschland ermutigt, unsere Partner zu werden.

Ich grüße auch meine Brüder und Schwestern in der Cornerstone Christian Fellowship in West Chester, Pennsylvania, die in den letzten zwei Jahren sowohl am Ort als auch auf nationaler Ebene Themen angesprochen haben, die die Verkündigung des Evangeliums und die soziale Gerechtigkeit betreffen. Opferbereit haben sie Cliff und Eileen Buckwalter und ihre zwei Kinder Ben und Leah zu uns geschickt, damit sie mit uns in Soweto arbeiten können. Wir erinnern uns gern an das Sabbatjahr, das wir in West Chester verbracht haben. Damals haben wir unsere Brüder und Schwestern kennengelernt und Freundschaften geschlossen, die der Zeit und der Entfernung standhalten.

So wie Eben-Ezer Church ist auch Youth Alive gewachsen und hat sich ausgedehnt. Vier von den fünf Regionen, in denen YAM arbeitet – Cape Town, Soweto, Zululand und Simbabwe –, haben eigene, für die jeweilige Region zuständige Direktoren. Zusammen arbeiten sie inzwischen jede Woche mit mehr als 3.500 jungen Männern und Frauen. Ihr Dienst reicht von Evangelisationen auf Universitätsgeländen bis zur

131

Wiederzusammenführung heimatloser Kinder mit ihren Familien und ihre Wiedereingliederung ins Schulsystem. YAM hat angefangen, Versorgungsprogramme durchzuführen wie zum Beispiel die Einrichtung zweier Suppenküchen in den ärmsten Gebieten Sowetos, in denen jeden Tag Suppe ausgegeben wird. Mittellosen Familien werden Gemüserationen ausgeteilt, und Heimarbeit soll den ärmsten Familien ein kleines Einkommen verschaffen. Für Kinder und Frauen wird eine Einführung in Ernährung und Hygiene angeboten.

Der Hauptteil des Programms von YAM besteht jedoch aus Gruppenarbeit. In Gruppen bis zu hundert Teilnehmern treffen sich junge Erwachsene, um gemeinsam am Glauben zu arbeiten und zu wachsen. Das war auch mein persönlicher Glaubensweg.

In diesen Gruppenstunden werden die jungen Leute zu Gruppenleitern ausgebildet und bekommen die Möglichkeit, Verantwortung im Bereich der Verwaltung und in der Verkündigung und Seelsorge zu übernehmen. Viele dieser jungen Leute müssen ihren Glauben an Jesus Christus unter schwierigen Bedingungen bekennen und haben dabei großen Erfolg.

Eines der Grundprinzipien dieses Gruppensystems ist ein Höchstmaß an eigener Beteiligung während der Gruppentreffen. Hier werden die Gaben der Leitung entdeckt, entwickelt und zum Tragen gebracht. Das Konzept, junge Leute zu Gruppenleitern auszubilden und ihnen eine Leitung anzuvertrauen, vermehrt unsere Hoffnungen und Erwartungen und setzt kreative Kräfte frei.

Der soziale Aspekt unserer Arbeit rührt ausschließlich daher, daß wir es uns zur Aufgabe gemacht haben, Jesus Christus in allen Situationen unseres Lebens nachzufolgen. Mit diesem ganzheitlichen Ansatzpunkt gibt es für einen Dienst, wie er von Youth Alive Ministries getan wird, unendliche Arbeitsfelder in Südafrika.

Wir wachsen und haben Erfolg. Wir sehen und erleben Heilungen von Tausenden von jungen Menschen. Gott vergrößert sein Reich durch unsere Arbeit.

Ich bin jetzt vierzig Jahre alt. Ich habe die Bitterkeit meiner Jugend überwunden, den Verlust meines Beines und meinen Haß gegen die Weißen und bin in die wunderbare Freiheit eingetaucht, die ich als Kind Gottes genießen darf.

Der Kampf, Gott treu zu bleiben, geht weiter, aber mein Vertrauen in diesen meinen Herrn ist immer noch mein sicherer Grund. Solange ich lebe, wünsche ich mir nichts anderes, als die Kirche Jesu Christi in Südafrika siegreich aus der Asche des Kolonialismus und dem Ruin der Apartheid auferstehen zu sehen, damit sie den lebendigen Herrn verkünden kann, der die Menschen von ihren Sünden befreit und aus der Not der Armut, der Ungerechtigkeit und des Rassismus rettet. Der Kampf wird lang und hart sein.

Um die Situation in Südafrika zu beschreiben, sage ich oft, es ist fünf nach zwölf. Noch ist Nacht, aber am Horizont ist schon ein ferner Schein zu erkennen, der die frische Hoffnung eines neuen Tages bringt. Wir haben uns langsam durch die finsteren Zeiten der Unterdrückung unter der Apartheid gequält. Aber es gibt die Vorahnung eines neuen Tages und einer neuen Möglichkeit für alle.

Die Uhr kann nicht zurückgestellt werden. Die politischen Ereignisse haben einen Punkt erreicht, an dem es kein Zurück mehr gibt. Die Stimmen der Unterdrückten sind in der ganzen Welt gehört worden. Sie werden nicht schweigen, bis sie frei sind.

Aktuelles Nachwort
zur deutschsprachigen Ausgabe

Zwei Jahre sind vergangen, seit die südafrikanische Regierung begonnen hat, die Regeln der Apartheid aus den Gesetzbüchern zu entfernen. Dieser Vorgang bekam den Namen „Reform". Was tatsächlich geschieht, ist – im Bild gesprochen – damit vergleichbar, daß ein Bauherr das Gerüst von einem Gebäude entfernt, an dem er vierzig Jahre lang gebaut hat. Das Gebäude ist stark und mächtig. Jetzt, nach Entfernen des Gerüstes, erkennen wir mit Schrecken, wie durch und durch erfolgreich und teuflisch die Apartheid eigentlich war. Jetzt, da wir Zugang zu Informationen über ihre Arbeitsweise während der letzten vierzig Jahre haben, entdecken wir immer mehr ungeheuerliche Dinge: die Ermordung regierungsfeindlicher Aktivisten entweder auf Anordnung oder aber zumindest mit dem Wissen und der vollen Unterstützung von Regierungsbeamten; das Ausmaß der Korruption, im Zuge derer das Entwicklungsministerium Summen in Höhe von einer Milliarde Rand veruntreut hat; das Ausmaß der Unterschiede zwischen weißen und schwarzen Schulen und Universitäten. Die Folgen der Apartheid haben bei der Mehrheit der Südafrikaner tiefe Verletzungen und großes Leid hervorgerufen. Unsere Entdeckungen zeigen, wie weit die nationalistische Regierung gegangen ist, um ihre Politik nach 1948 aufrechtzuerhalten. Wir haben erkannt, daß der Kampf um die Abschaffung der Apartheid erst begonnen hat. Er wird lang und hart werden, denn das „Gebäude" ist groß und häßlich.

Die Last der Verantwortung dafür, daß dieses alte Gebäude abgerissen und ein neues errichtet wird, liegt jetzt bei denen, die die Brutalität des Systems zu spüren bekommen haben und sich trotzdem weiter einsetzen. Voraussetzung jedoch ist, daß die nationalistischen Regierungsstrukturen unter einer Interimsregierung abgeschafft und neue eingeführt werden. Erst dann kann dieses Land einen Neuaufbau erleben. Die gegenwärtige Regierung ist ein Relikt der Apartheid, und als solche stellt sie einen Hauptteil des Problems dar.

Die Führungsspitze der Patriotischen Front, zusammengesetzt aus der ANC-Allianz und Führern anderer Anti-Apartheidsbewegungen, haben bereits große Fortschritte erzielt. Gemeinsam mit der Regierung und ihren Verbündeten haben sie wichtige Beschlüsse gefaßt, die den Weg bereiten können für ein neues Südafrika. Auf dem Kongreß für ein Demokratisches Südafrika (CODESA) vollbringt man eine Gratwanderung, um die Einsetzung einer Interimsregierung zu erreichen. Sie soll das Land auf die ersten wirklich demokratischen Wahlen vorbereiten und dabei helfen, die neue Politik zu formulieren; diese schließlich soll einen Prozeß in Gang setzen: den Prozeß einer wirklichen Umwandlung der ungerechten Strukturen, unter denen der größte Teil der Südafrikaner gelitten hat.

Viele Hindernisse stehen im Weg. Da ist zunächst die Gewalt, die seit 1984 mehr als 11.000 Menschenleben gefordert hat und in den letzten Tagen eskaliert ist bis zu durchschnittlich 10 Toten am Tag. Sie stellt die größte Bedrohung dar für ein am Verhandlungstisch ausgearbeitetes Übereinkommen über ein neues Südafrika.

Am 18. Juni dieses Jahres haben Horden von „Wohnheimbewohnern" über 50 unschuldige Menschen zu Tode gehackt, einschließlich einem neun Monate alten Baby, dem ein Messer in den Kopf gestochen wurde. Regierung und Polizei waren – schlimmstenfalls – beteiligt oder haben zumindest zugelassen, was passiert ist, obwohl sie rechtzeitig von dem Plan in Kenntnis gesetzt worden waren.

Ein weiteres Problem ist die Wirtschaft des Landes, deren Lage noch verschlimmert wird durch die Dürre, die im Augenblick das Leben von achtzehn Millionen Menschen in Südafrika bedroht. Die Arbeitslosigkeit ist unannehmbar hoch, und viele Menschen haben bereits die Hoffnung auf eine baldige wirtschaftliche Besserung verloren.

Die Herausforderung an die Christen ist klar. Wir müssen auch weiterhin bei jeder Gelegenheit für den Weg der Versöhnung eintreten. Wir müssen prophetisch das Böse in den sozialen Strukturen anprangern und Gottes Maßstäbe für Gerechtigkeit, Recht und Gnade verkündigen. Christen müssen sich tatkräftig daran beteiligen, daß die Menschen in den Gemeinden auf die Verwirklichung der Demokratie vorbereitet werden. Die Kirche muß auch weiterhin ein Vorbild sein für Versöhnung und Frieden.

Wir möchten unsere Schwestern und Brüder in Europa darin bestärken, zur Ermutigung derjenigen afrikanischen Führungspersönlichkeiten in Südafrika beizutragen, die die Rolle des Mose spielen müssen. Diese Führer haben ihre eigene, von Gefängnisstrafen und Demütigung geprägte Geschichte in den Hintergrund gestellt, um Südafrika eine friedvolle Zukunft zu ermöglichen. Zu oft haben wir erleben müssen, daß viele Menschen im Westen eher den früheren Pharao unterstützt haben, der, auch wenn er sich geändert hat, nicht die Qualifikation besitzt, Südafrika einer neuen Zukunft entgegenzuführen.

Das Wunder Südafrika lag immer darin, daß die Bewohner dieses Landes fähig waren zu vergeben. Mein Gebet in dieser Zeit ist, daß wir in unserem Kampf um Gerechtigkeit und Recht unseren Feinden immer auch mit Gnade und Vergebung begegnen können.

Glossar

African Evangelical Fellowship
Eine von Weißen geleitete Missionsgesellschaft, die um die Jahrhundertwende nach Afrika kam, um schwarze Südafrikaner zu missionieren.

Afrikaander
Weiße Nachkommen der Niederländer, die 1652 zum Kap kamen und es seitdem besetzt halten.

Afrikaans
Offizielle Landessprache Südafrikas, die sich aus dem Niederländischen des 17. Jahrhunderts entwickelt hat.

Afrikanischer Nationalkongreß (ANC)
Eine politische Organisation, die 1912 als Opposition zur Apartheid gegründet und 1961 verboten wurde. Als Reaktion darauf erkannte sie den bewaffneten Kampf als legitimes Mittel zum Umsturz der Regierung an. Das Verbot wurde 1990 aufgehoben.

Apartheid
Wörtlich: „Trennung"; die Apartheid ist die bis 1992 in Südafrika offiziell geltende Politik strenger Rassentrennung.

Arztpriester
Die schriftlosen südafrikanischen Religionen haben in der Neuzeit sogenannte „Arztpriester" hervorgebracht. Sie zeichnen ihre Offenbarungen auf und sind somit Hüter der Tradition. Mit ihrem Wissen, ihrer Weisheit und ihrem Rat kämpfen sie gegen Krankheit, Tod, Gefahren und Leid sowie um den Zusammenhalt der Stammesgemeinschaft.

Baas
Anrede, die Ehrerbietung und Unterwerfung zum Ausdruck bringt. Weiße Südafrikaner erwarten, von den Schwarzen mit diesem Ausdruck angeredet zu werden.

Bantu

Die in Südafrika offiziell gültige Bezeichnung für alle Schwarzen, eingeführt 1948 von der regierenden Nationalistischen Partei. Premierminister Hendrik Verwoerd wollte erreichen, daß der Ausdruck „Afrikaner" nur für die weißen Afrikaner angewandt wurde. Von den Schwarzen wird der politische Gebrauch des Wortes abgelehnt, weil sie darin ein Symbol für die politische Enterbung sehen.

Beerdigungen

In der Zeit nach den Aufständen von 1976 wurden die Beerdigungen politischer Aktivisten zu politischen Bildungsveranstaltungen für die schwarzen Massen. Die Regierung versuchte, diese Veranstaltungen durch verschiedene Notstandsverordnungen zu unterbinden.

Bewegung des Schwarzen Bewußtseins

Sie entstand in den sechziger Jahren aus der Erkenntnis, daß der weiße Freund nicht helfen kann und nicht helfen soll. Der schwarze Mann muß sein Selbstbewußtsein, die Initiative in seinem Leben wiederfinden und seine Sache selbst in die Hand nehmen.

Brüderbund

Eine politische Kraft, die geheim im Untergrund arbeitet mit dem Ziel, die Macht der in Südafrika herrschenden Weißen aufrechtzuerhalten.

Caspirs

Minensichere Militärfahrzeuge, die sich auf jedem Gelände bewegen können. Wo sie eingesetzt werden, verbreiten sie Furcht und Schrecken.

Demokratische Massenbewegung

Ein loser Zusammenschluß progressiver Organisationen, die sich für ein nicht-rassistisches Südafrika einsetzen. Ihrer Meinung nach kann man die Apartheid nicht bekämpfen, wenn man Teil des Systems ist.

Gideons

Eine internationale Organisation christlicher Geschäftsleute, deren Mission hauptsächlich darin besteht, Bibeln an öffentlichen Orten – wie zum Beispiel Hotels – auszulegen. In Südafrika verteilt der Gideonbund auch Bibeln an den Schulen.

Homelands

Acht von der Regierung gegründete Townships, in denen die Schwarzen Wohnrecht und begrenzte Möglichkeiten der Selbstverwaltung haben.

Kaffer

Ein aus dem Islam kommender Begriff, der Ungläubige meint. Sein Gebrauch von seiten der Weißen gegenüber Schwarzen in Südafrika ist abwertend zu verstehen. In dem Buch „Kaffir Boy" von Mark Mathabane wird die Entmenschlichung deutlich, die mit diesem Begriff verbunden ist. In den Vereinigten Staaten ist „Kaffer" dasselbe wie „Nigger".

Khoisan

Die ersten Stämme, auf die die Niederländer bei der Besetzung des Kaps stießen.

Kruger, Paul

Er wurde 1883 der erste Präsident der Republik Südafrika.

Paß

Alle schwarzen Männer und Frauen über 16 sind seit 1952 gezwungen, den Arbeits-Paß, ein mehrseitiges Büchlein mit Eintragungen zu Person, rassisch-ethnologischer Zuordnung, Arbeitsplatz und monatlicher Bestätigung des Arbeitgebers usw., ständig mit sich zu führen. Fehlerhafte Eintragungen berechtigen jeden Polizeibeamten zur sofortigen Festnahme des Paßinhabers.

Reef

Ein 280 Kilometer langer Landstreifen mit reichen Goldvorkommen, an dem entlang viele Goldgräberstädte entstanden wie zum Beispiel Johannesburg.

Sharpeville

Das Township, in dem das Massaker von 1960 stattfand. Die Polizei eröffnete das Feuer auf eine unbewaffnete Menschenmenge bei einem friedlichen Protestmarsch, den der ANC und der PAC gegen die „Paßgesetze" organisiert hatten. Den Leuten war vorher nicht einmal die Anweisung gegeben worden, sich zu zerstreuen. Das Ergebnis waren 69 Tote und 178 Verletzte. 155 Menschen waren von hinten angeschossen worden. Unter den Verletzten waren 40 Frauen und 8 Kinder.

Soweto
Ein Township 24 Kilometer südwestlich von Johannesburg, zunächst gegründet, um die von weißen Geschäftsleuten in Johannesburg angestellten schwarzen Arbeiter unterzubringen. Es war ursprünglich nicht darauf angelegt, eine dauerhafte Bleibe für die Menschen zu sein.

Soweto Committee of Ten
Eine Organisation, die 1978 unter dem Vorsitz von Dr. N. Moblana gegründet wurde. Sie regte zur Bildung schwarzer Bürgerinitiativen an, die Kampagnen gegen die von der Regierung unterstützten lokalen Behörden – die sogenannten Stadträte – starteten.

Verwoerd, Hendrik
Der erste für Schwarze zuständige Erziehungsminister, später Premierminister. Er ist der „Architekt" der Apartheid und entwickelte 1936 auch das Konzept der „Bantu-Homelands".

Volk
Ein Ausdruck aus dem Afrikaans, der eigentlich die gleiche Bedeutung hat wie das deutsche „Volk", mit der Zeit aber das Selbstverständnis der Afrikaander als reine Rasse mit einem von Gott gegebenen Auftrag in der Welt meinte.

Voortrekkers
Gruppen niederländischer Siedler, die von der Kapkolonie aus nordwärts wanderten, um der Herrschaft der Briten zu entkommen.

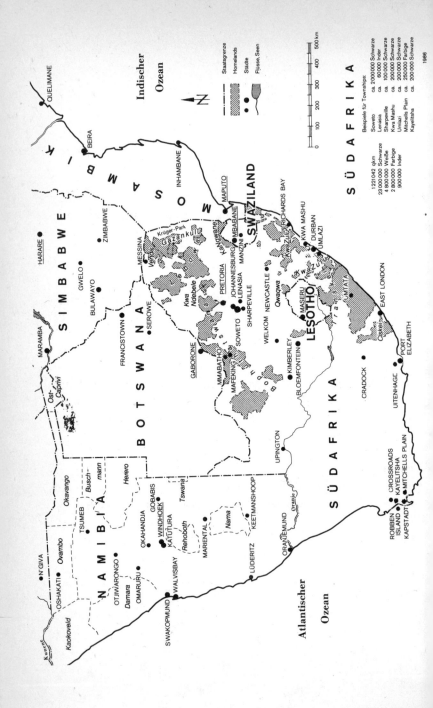

QUELIMANE

Indischer
Ozean

Staatsgrenze
Homelands
Städte
Flüsse, Seen

BEIRA

Beispiele für Townships:

Soweto   ca. 2000000 Schwarze
Lenasia   ca.   60000 Inder
Sharpeville   ca. 100000 Schwarze
Kwa Mashu   ca. 200000 Schwarze
Umlazi   ca. 200000 Schwarze
Mitchells Plain ca. 250000 Farbige
Kayelitsha   ca. 200000 Schwarze

INHAMBANE

MAPUTO

1221042 qkm
23000000 Schwarze
4900000 Weiße
2800000 Farbige
900000 Inder

1986

SÜDAFRIKA

MOSAMBIK

SWAZILAND

HARARE

Krüger-Park
Gazankulu

RICHARDS BAY

SIMBABWE

MESSINA

Venda

KWA MASHU

ZIMBABWE

Kangwane
MBABANE
MANZINI

DURBAN
UMLAZI

GWELO

BULAWAYO

PRETORIA
Kwa
Ndebele
JOHANNESBURG
LENASIA
SHARPEVILLE

NEWCASTLE
WELKOM

Owaqwa

KwaZulu

Lebowa

MARAMBA

Ost-
Caprivi

FRANCISTOWN
SEROWE

SOWETO

MASERU
LESOTHO

UMTATA

EAST LONDON

BOTSWANA

KIMBERLEY

BLOEMFONTEIN

Transkei

GABORONE
MMABATHO
MAFEKING

Bophuthatswana

Ciskei

Okavango

Busch-
mann

Herero

CRADOCK

UPINGTON

SÜDAFRIKA

UITENHAGE
PORT
ELIZABETH

Okavango

TSUMEB

GOBABIS

Tswana

KEETMANSHOOP

NAMIBIA

OKAHANDJA
WINDHOEK
KATUTURA

Damara

Nama
Rehoboth

Oranje

ORANJEMUND

CROSSROADS
KAYELITSHA
MITCHELLS PLAIN

N'GIVA
OSHAKATI

Ovambo

OTJIWARONGO
OMARURU

MARIENTAL

ROBBEN
ISLAND
KAPSTADT

Kaokoveld

SWAKOPMUND
WALVISBAY

LÜDERITZ

Atlantischer
Ozean

Kunene

0 100 200 300 400 500 km

Rolf Zwick

Evangelium und Befreiungskampf

Evangelikales Zeugnis in
Südafrika

160 Seiten, Paperback,
Best.-Nr.: 154 822

Das Evangelikale Zeugnis in Südafrika (EWISA) wurde im Juli 1986 formuliert. Es ist eine Kritik evangelikaler Theorie und Praxis aus den eigenen Reihen.

Im Buch wird der Text dokumentiert, dazu die kritische Würdigung durch die Evangelische Allianz in Südafrika. Rolf Zwick führt in die Problematik ein und stellt jeweils die südafrikanischen Autoren vor, die im ersten Teil zur Situation in Südafrika schreiben und im zweiten Teil als Verfasser und Mitunterzeichner des Dokuments zu uns sprechen.

Ulrich Parzany im Vorwort: „Die Verschiedenheit und Gegensätzlichkeit der Sichten, die von Christen in Südafrika vertreten werden, spiegeln sich in der christlichen Gemeinde bei uns wider. Was für eine Konsequenz wollen wir daraus ziehen?"

Aussaat Verlag · Neukirchen-Vluyn